Josef Probst

Zwischen Dreisessel und Hohenbogen

Impressum
2013
Zwischen Dreisessel und Hohenbogen

Fotos und Texte
Josef Probst

Herausgeber
Ohetaler Verlag
Kühbergweg 28, D 94566 Riedlhütte
Tel.: 0049(0)8553 97 888 70
Fax: 0049(0)8553 97 888 73
www.ohetaler-verlag.de
E-mail: Ohetaler-Verlag@gmx.de

ISBN
978-3-95511-006-2

Inhalt

Ich widme dieses Buch
allen Liebhabern des
Bayerischen Waldes
und besonders denen
die sich ehrenamtlich
für den „Woid" einsetzen.

Vorwort

In Zeiten der Globalisierung rückt die Welt zusammen. Vieles wird aus wirtschaftlicher wie aus politischer Notwendigkeit vereinheitlicht. Das ist wichtig, doch sollten wir nicht außer Acht lassen, dass auch vieles verloren geht, wenn wir diese Vereinheitlichung in allen Bereichen unseres Lebens zulassen. Wenn wir auch gemeinsame globale Ziele haben, dürfen wir unsere Ursprünge, unsere Wurzeln und unsere kulturellen Unterschiede dennoch behalten und sie, gleich einem Schatz, von Generation zu Generation weiter tragen.

Es macht mich froh und stolz, dass sich diesem Ziel ein junger Mensch wie Josef Probst, selbst Vater von zwei Kindern, gewidmet hat. Er arbeitet seit 1997 in unserem Unternehmen und hat es sich zur Aufgabe gemacht, diese Sagen und Bräuche, Rezepte und allerlei Wissenswertes aus unserer Heimat, dem Bayerischen Wald, zu sammeln und weiterzugeben.

Mir sagt man nach, dass ich durch die Zollner Elektronik AG den Bayerischen Wald mitgeprägt habe. Tatsächlich war in den 60er Jahren kaum einer daran interessiert, in unserer landwirtschaftlich geprägten Gegend Industrie anzusiedeln. Die Arbeitslosenquote lag im Sommer bei 25 %, im Winter zwischen 40 und 50 %. Das waren für uns normale Verhältnisse, obwohl es genug fleißige junge Leute gegeben hätte. Ich selbst musste unsere Heimat verlassen, um, wie so viele andere, in der Ferne Arbeit zu suchen. Doch ich bin zurückgekehrt und habe mich selbstständig gemacht. Heute haben wir über 8.000 Mitarbeiter, davon über die Hälfte in der Region. Diese Menschen konnten hier bleiben und sie waren es mit ihrer Arbeitskraft und ihrer Ausdauer, die den Bayerischen Wald zu der starken Region gemacht haben, die er heute ist. Lange galt er als „Armenhaus", später war er hauptsächlich touristisch geprägt. Heute ist er ein Wirtschaftsstandort mit eigenen innovativen Unternehmen.

Der Waidler ist ein zäher, erfinderischer Menschenschlag, der sich gegen viele Widrigkeiten behaupten musste. Er gilt als nicht sehr gesprächig, doch gastfreundlich. Er arbeitet hart und feiert gern. Er hängt an seinen Traditionen und es gibt viele, die sich den Glauben an den Herrgott bewahrt haben. Die Bücher von Josef Probst – dieses ist bereits sein viertes – bieten einen guten Einblick in das Wesen der Bewohner des Bayerischen Waldes. Ich bin stolz, Leute wie ihn zu meinen Mitarbeitern zählen zu können.

Manfred Zollner sen.
Gründer und Aufsichtsratsvorsitzender
der Zollner Elektronik AG

Brauchtum

Elefantentreffen

Seit 1988 findet bei Thurmannsbang ein Motorradtreffen der besonderen Art statt.

Zündapp produzierte früher ein Motorradgespann, das KS 601 hieß, wegen seiner Farbe und seiner Größe, gegenüber anderen Motorrädern, bekam es den Spitznahmen »grüner Elefant«. Da dieses Gespann viele eingefleischte Anhänger hatte, bildeten sich bald Motorradtreffen, die Elefantentreffen genannt wurden. Auch andere Motorradmarken, die Gespanne produzierten, waren dort gern gesehen.

1988 war das erste Treffen im Bayerischen Wald und das genau zu einer Zeit, wo genau dort alles tief zugeschneit ist und eisige Kälte herrscht. Thurmannsbang ist bekannt dafür, dass dort der Winter sehr heftig ist, aber genau das zog immer mehr begeisterte Gespannfahrer an. Aus ganz Europa und Russland fahren die Besucher mit ihren Motorrädern, mehrere tausend Kilometer, bei widrigsten Temperaturen, zu diesem Treffen.

Der Termin des Elefantentreffens wird meistens auf ein Wochenende Ende Januar/Anfang Februar gelegt. Das Treffen findet in dem so genannten Hexenkessel, einem Talkessel in der Nähe von Thurmannsbang statt. Dort ist das Lager der Motorradbegeisterten. In diesem Kessel sieht es aus wie in einem Kriegslager aus längst vergangener Zeit, dort stehen Zelte Reihe an Reihe mit den Lagerfeuern. Die Motorradfahrer sind mit dicken Jacken, Decken und Fellen eingemacht, nur so können sie die eisige Kälte ertragen. Auch Motorräder ohne Gespann sind dort herzlich willkommen. Diese haben aber eine schwerere Anreise, da sie bei dem Winterwetter nur mit zwei Rädern unterwegs sind. Die Gespanne sind etwas wintersicherer, da sie mit ihren drei Rädern nicht so schnell weg rutschen. Jedes Jahr kommen über 5000 Motorradbegeisterte bei diesen Treffen zusammen.

Das Pichelsteinerfest

Im Österreichischen Erbfolgekrieg (1740-1745) schickte die Habsburger Kaiserin Maria Theresia eine Horde von Panduren nach Bayern, um sich die Dörfer und Städte gefügig zu machen. Die Panduren waren ein zusammen gewürfelter Haufen von wilden Kriegern aus dem Balkan. Ihr Kommandant war der Pandurenoberst Trenck. Dieser zog mit seinen Horden durch den Bayerischen Wald und wurde dafür bekannt, ein grausamer Feldherr zu sein, der nichts und niemanden verschonte. So begab es sich, dass der Pandur Trenck mit seinen Leuten nach Regen zogen und es plünderte. Da Trenck einige Tage in Regen lagern wollte, quartierte er sich in einem Gasthaus ein. Als den Panduren der Hunger packte, befahl er der Küchenmagd ihm etwas zum Essen zuzubereiten. Die Magd erwiderte aber, dass sie fast keine Lebensmittel mehr hatte, da alles geplündert wurde. Dies war aber dem Pandurenoberst Trenck egal und er befahl ihr ein köstliches Essen zu machen oder falls nicht, würde sie mit ihrem Leben bezahlen.

Die Küchenmagd ging in die Küche und überlegte, was sie Trenck kochen konnte, um ihr Leben zu bewahren. Da aber von allem nur Reste da waren, fiel ihr kein passendes Menü ein. Aus lauter Verzweiflung warf sie alles, was noch in der Küche war, in einen Topf. Reste vom Kalbfleisch, Schweinefleisch und Rindfleisch, dazu Sellerie, Poree, Petersilie, gelbe Rüben und Kraut, kochte alles zusammen und stellte einen Eintopf her. Sicher ihren Kopf für dieses Essen zu verlieren, servierte sie es dem Pandurenoberst, aber zu ihrer Verwunderung schmeckte ihm das Essen hervorragend und er verschonte die Magd und den Gasthof. So wurde das erste Pichelsteiner gekocht, später heiratete die Magd nach Büchelstein, wo sie dieses Gericht dann auch öfter kochte und Büchelsteiner nannte. Im Laufe der Zeit wurde aus dem Büchelsteiner das Pichelsteiner und somit zu einem der bekanntesten Essen weltweit.

Das Pichelsteinerfest selber wurde 1874, das erste Mal zu Ehren des leckeren Gerichts abgehalten und seitdem fast jährlich gefeiert. Nur durch Kriege bedingt gab es Jahre, an denen es ausgesetzt wurde. Das Fest wurde mit der Zeit das größte und beliebteste Fest des Bayerischen Waldes. In der Stadt Regen herrscht Ausnahmezustand und die Arbeit steht in dieser Woche teilweise still. Viele Vereine wurden um das Fest gegründet, die es sich zur Aufgabe machen, sechs Tage durchzufeiern, wie zum Beispiel die Sixdays. Gefeiert wird in verschiedenen Hallen, der Tierzuchthalle, wo das jüngere Publikum mit Showbands unterhalten wird, in der Pichelsteinerfesthalle, wo Blasmusik spielt, im Biergarten, im Faltersaal, im Weißbierzelt oder in der Schützenhalle. Alle Hallen und Zelte sind am Abend brechend voll, so dass bis zu 5000 Besucher sich am Fest befinden.

Der Termin wurde so gelegt, dass das Fest am Freitag nach Jakobi beginnt. Die Zahl der Festtage war immer unterschiedlich, heutzutage sind es sechs Tage, von Freitag bis Mittwoch.

Am Freitag ist der Ausmarsch der Pichelsteiner zum Festgelände, dies ist ein kleiner Umzug mit dem Festkoch, und Schülern, die als Köche verkleidet sind, dem Pichelsteinerverein, dem Festwirt mit Bedienungen und dem Schützenverein.

Am Samstag ist am Abend eine Gondelfahrt am Regen, die von den Festbesuchern gesehen werden kann, da sich die Bierhallen, an beiden Seiten des Regenufers befinden.

Am Sonntag ist der große Festzug, wo sich die Vereine von Regen mit ihren geschmückten Wagen und die Brauerei mit einem 10er Pferdegespann präsentieren.

Am Montag ist großes Pichelsteinerfestessen, wo das Fest schon am Mittag sehr gut besucht ist.

Am Dienstag ist Kindertag und finden Kundgebungen von bestimmten Organisationen statt, wo berühmte Personen sprechen.

Am Mittwoch ist der letzte Tag des Festes und dieser wird mit einem großen Feuerwerk gefeiert.

Pichelsteiner-Rezept

Dreierlei Fleisch insgesamt 750g, vom Kalb, Rind und Schwein in Würfel schneiden und mit einer großen in Würfel geschnittenen Zwiebel, in einem Topf anbraten. 400g Kartoffeln in Würfel schneiden, 3 große gelbe Rüben in Scheiben schneiden, 1/8 Sellerieknolle in Würfel schneiden und einen halben Bund Petersilie klein schneiden. Alles in den Topf dazugeben, dann mit Salz, Pfeffer und Paprika würzen. Mit Wasser aufgießen bis alles überdeckt ist. 2 Würfel Fleischbrühe dazu geben und den Eintopf solange kochen bis das Fleisch mürbe ist.

Pichelsteinerfest in Regen.

Schneekirche in Mitterfirmiansreuth

Im Bayerischen Wald gab und gibt es viele kleine Dörfer, die selber keine Kirche hatten. Die Gläubigen mussten in das nächste größere Dorf gehen, um am Gottesdienst teilzunehmen. Da die Waidler sehr christlich und Gott verbunden waren, war ein Besuch des Gottesdienstes einmal in der Woche Pflicht. Autos gab es früher nicht, so mussten die Waidler den Weg zur Kirche zu Fuß zurücklegen. Im Sommer war der Weg zur Kirche leicht, da die Wege frei waren, aber im Winter waren die Wege verschneit und es war Kräfte zehrend in die Kirche zu gelangen. Oft waren die Dörfer wochenlang eingeschneit, so dass der Besuch der Messe überhaupt nicht möglich war.

So begab es sich, dass die Einwohner von Mitterfirmiansreuth oft nicht in die Kirche nach Mauth gehen konnten, weil es vor lauter Schnee kein Durchkommen gab. Viele Male fragten die Einwohner des Dorfes im Bistum Passau an, ob sie selber eine Kirche bekämen, dies wurde aber immer abgelehnt. Einen Priester hatten sie, der ihnen für Sterbefälle und die Seelsorge abgestellt war, nur die Kirche fehlte ihnen. Im Jahre 1911 war der Winter so stark, dass die Kirche in Mauth selten erreichbar war, so behalfen sich

die Einwohner selber und bauten eine Schneekirche. Aber nicht nur eine kleine Kapelle, sondern eine richtige Kirche mit den Ausmaßen von 14 Metern Länge, 7 Metern Breite und 4 Metern Höhe. So konnten die Mitterfirmiansreuther jede Woche ihren Gottesdienst besuchen. Von dieser Kirche wurde damals in der ganzen Welt geredet und dieses verhalf dazu, dass das Bistum Passau dann eine Kapelle und später eine Kirche bauen ließ.

2012 wollten die Mitterfirmiansreuther zum 100 jährigen Jubiläum diese Kirche nochmal bauen, die neue Schneekirche hatte eine Länge von 26 Metern, eine Breite von 11 Metern und die Höhe des Kirchturms war 19 Meter. Innen war die Kirche mit Lichteffekten und Eisblöcken verziert. Diese Kirche wurde zu einer Attraktion für den Bayerischen Wald, die viele tausend Besucher anlockte.

Wollen wir hoffen, dass wir nicht wieder 100 Jahre warten müssen, um die nächste Schneekirche zu sehen.

Altar in der Schneekirche.

Wallfahrt von March nach Halbmeile

Ende des 19. Jahrhunderts kursierte in Bayern wieder eine Viehseuche, alle Bauern hatten Angst um ihre Tiere. Durch das 1869 erlassene Gesetz, dass alle erkrankten und mit Ansteckung bedrohten Tiere sofort zu töten seien, war ein krankes Rind damals das Aus für einen Bauern. Er musste dann alle Tiere dieser betroffenen Art im Stall töten, auch wenn sie noch gesund waren. Entschädigung gab es damals nicht viel bzw. gar nichts. So gingen die Einwohner von March das erste Mal nach Halbmeile, um zur schmerzhaften Mutter Gottes zu beten, dass ihre Tiere von dieser Seuche verschont bleiben. Die Seuche ging an March vorüber ohne dass ein Tier erkrankte, so gelobten die Marcherer jedes Jahr diese Wallfahrt zu machen.

Die Wallfahrt ist jedes Jahr am ersten Samstag nach Pfingsten und geht um 04:30 Uhr in der Marcherer Kirche los und führt über Zachenberg nach Grafling, wo eine kleine Brotzeit gemacht wird. Von Grafling bis Deggendorf fährt dann ein Bus, da hier das Gehen wegen des Straßenverkehrs zu gefährlich wäre. In der Kapelle am Geiersberg findet die erste Messe statt, nach dieser wird der Weg nach Halbmeile fortgesetzt. In der Kirche bei Halbmeile wird der schmerzhaften Mutter Gottes mit einem Gebet gedankt. Nach dem Kirchenbesuch in Halbmeile ging man früher schnurstracks wieder nach March zurück, heute fährt ein Bus die Wallfahrer nach March zurück.

Marienbild mit sieben Schmerzen in Halbmeile

Vor Hunderten von Jahren ritt ein Gelehrter von Deggendorf nach Hengersberg. Die Landschaft dazwischen war mit einem großen Laubwald bewachsen, ziemlich düster und schaurig wirkte der Wald. Auf halber Strecke erschien dem Gelehrten ein grausiges Gespenst im Wald und ließ nicht mehr von ihm ab. In seiner bitteren Not betete er zur Gottesmutter Maria und gelobte, wenn er heil aus dem Wald komme, ein Marienbild mit sieben Schmerzen zu stiften. Das Gespenst ließ von dem Mann ab und verschwand spurlos, so dass er den Weg nach Hengerberg ohne weitere Störungen fortsetzen konnte. An der Stelle, wo das Gespenst von ihm abließ, ließ der Gelehrte eine Kapelle bauen und stellte dort das versprochene Marienbild auf. Mit den Jahren wurde dieses Bild so verehrt, dass viele Wallfahrer zu diesem Ort gingen und sich Hilfe erhofften. Das Bild der Maria mit den sieben Schmerzen stellt die Gottesmutter Maria dar, mit sieben Schwertern in ihrer Brust. Jedes Schwert steht für eine Schmerzsituation von Maria in ihrem Leben mit Jesus.

Frevel am Marienbild

Im Jahre 1690 ritt ein Soldat der bayerischen Armee an dem Marienbild zu Halbmeile vorbei. Da der Soldat ursprünglich aus Norddeutschland stammte, war er nicht katholisch und schoss beim Vorbeireiten mit seiner Pistole auf das Bild. Der Soldat war ein sehr guter Schütze und traf Maria direkt durch die auf dem Herzen liegende Hand. Kurze Zeit später scheute das Pferd und warf den Soldaten ab. Aus Zorn über diesen Sturz gab er dem Marienbild die Schuld und ritt wutentbrannt zurück und schlug mit dem Säbel auf das Bildnis. Das Einschussloch und die Säbelhiebe sind trotz Restaurierung heute noch zu sehen. Als dann der Soldat am späten Abend wieder nach Deggendorf zurück ritt, scheute sein Pferd wieder und warf ihn abermals ab. Diesmal kam er aber unter die Hufe des Pferdes, die ihm den Kopf eindrückten. Durch sein Hilferufen wurde der Soldat gefunden und nach Deggendorf gebracht, wo er kurze Zeit später starb.

Geiersberg

In einem Waldstück nahe Deggendorf wurde in einem Geiernest ein Marienbild gefunden. Da alle an einen besonderen Wink des Himmels glaubten, bauten die einheimischen Menschen eine Kapelle an der Stelle des Fundortes. Das Marienbild stellten sie dann in die Kirche und bald wurde ein Wallfahrtsort daraus. Der Berg, auf dem sich dieses Mirakel zugetragen hat, wurde Geiersberg genannt. Wobei hier wahrscheinlich nicht ein Nest eines Geiers, sondern das Nest eines Greifvogels gemeint war, da dieser im Bayerischen Wald, als Geier bezeichnet wird.

Altes Bier

Oft liest man in den Zeitungen im Herbst Anzeigen von Gasthäusern, in denen es heißt: »Zum letzten alten Bier«. Dies hat folgenden Hintergrund. Das Bier war früher nur in den kalten Monaten von Namenstag des hl. Michael 29.09. bis zum Namenstag des hl. Georg 23.04. gebraut worden. Dahinter steckte, dass der Biersud im Sommer durch die Wärme nicht so gut gelingt und dass eine Brandgefahr von den angefeuerten Sudkesseln ausging. So mussten die Brauer nur in dieser Zeitspanne das Bier für das ganze Jahr brauen. Im Sommer wurden dann die Bierfässer in so genannte Bierkeller eingelagert, diese waren meist tief in einen Hang oder Berg gehauen, wo sich so die Temperatur kühl hielt. In den frostigen Wintermonaten wurden noch zusätzlich aus den Flüssen Eisblöcke geschnitten und zu den Bierfässern in die Keller gelegt. So blieb das Bier von April bis September frisch und trinkbar.

Als es nun wieder Herbst wurde und das neue Bier bald gebraut werden durfte, hatten die Wirtsleute und Brauer Angst auf ihrem alten schon etwas lacken Bier sitzen zu bleiben. Da es ja keiner mehr trinken würde, weil das neue Bier frischer und besser schmecken würde. So veranstalteten die Wirte im Herbst das so genannte »Zum letzten alten Bier«, wo sie mit besonderen

Schmankerl oder verbilligten Bierpreisen die Leute ins Wirtshaus lockten, um ihre alten Bierbestände los zu werden.

Dieser Brauch des »Letzten alten Bieres« hat sich bis heute gehalten, obwohl es heutzutage immer frisch gebrautes Bier gibt, da die Brauereien über Kühlanlagen und besseren Feuerschutz verfügen. Aber für die Wirte ist es immer noch ein lukratives Geschäft, die Leute hier mit besonderen Schmankerln in Wirtshaus zu locken.

Entstehung der Biergärten

Auf den Bierkellern, die nicht in einen Hang oder Berg gehauen wurden, wie zum Beispiel in den Städten, war es mit der Kühlung schlechter, so wurden über den Kellern Kastanienbäume gepflanzt, die so mit ihren weitausladenden Kronen genügend Schatten spendeten, um die Keller in der Hitze des Sommers kühl zu halten. Als dann die Brauereien das Recht bekamen auf ihrem Grundstück das Bier im Freien auszuschenken, machten sie über den Bierkellern ihre Biergärten auf. So kam es dazu, dass in Bayern die Biergärten mit Kastanienbäumen geschmückt sind.

Arberkirchweih

Die Arberkirchweih ist die größte und älteste Bergmesse im Bayerischen Wald. Dies ist eine Messe, die an der Bartholomäus Kapelle am Arber abgehalten wird. Bis zu 4000 Gläubige und Wallfahrer aus dem Bayerischen und Böhmischen Wald kommen, um diese Messe mit zu feiern. Die Messe wird vom Eisensteiner Pfarrer immer am vorletzten Sonntag im August abgehalten. Da der Arber der höchste Berg des Bayerischen Waldes ist, ist man bei dieser Messe dem Himmel am nächsten. Nach der Kirwa kann man sich in den Berggasthäusern am Arber stärken, wo die Brotzeit bei Musik besonders gut schmeckt.

Christkindlanschießen

Das Christkindlanschießen ist ein alter Brauch, der meist von den Schützenvereinen oder Landwehren ausgeübt wurde. Hier wurde mit den Böllerkanonen geschossen, um die Geburt des Heilandes zu feiern. Aber auch um in der Christnacht, die eine strenge Raunacht war, die Geister zu vertreiben, die in dieser Nacht freien Lauf hatten. Vor der Christmette läuteten meist die Kirchenglocken, um die Geister zu vertreiben und den Kirchgängern den Weg zur Kirche zu weisen. Nach der Messe wurde dann von den Böllerschützen das Christkindl mit mehreren Salutschüssen angeschossen. Dies sollte die Geister vertreiben und den Kirchgängern den Weg nach Haus sichern.

Das Schießen um Böses abzuhalten hat eine lange Tradition, laut alten Erzählungen meiden böse Geister den Lärm, so wurde zu vielen feierlichen Anlässen geschossen, wie zum Beispiel bei Kindstaufen oder zu Beginn einer Hochzeit. Erst nach dem 1. Weltkrieg ging diese Knallerei langsam zurück, wahrscheinlich hatten diese zurückkehrenden Weltkriegsteilnehmer keine Lust mehr am Schießen. Heutzutage kann man das Christkindlanschießen noch in ein paar Gemeinden im Bayerischen Wald sehen und hören. Das Anschießen einer Hochzeit wird aber in letzter Zeit wieder beliebter und ist in den Sommermonaten öfter frühmorgens zu hören. Die Freunde wecken den Bräutigam früh morgens mit Schüssen aus allerlei umgebauten Geräten, Hauptsache es knallt. Nach dem Anschießen beginnt der Hochzeitstag, meistens mit einem Weißwurstfrühstück.

Emmausgang

Der Emmausgang findet am Ostermontag statt, hier wird dem Gang der Jünger nach Emmaus gedacht und so nutzt man diesen Tag heute noch, um den ersten Frühjahrsspaziergang zu machen. Früher war dies ein Tag, wo man sich in der Verwandtschaft gegenseitig besuchte. Die Feldarbeit ruhte noch und so fand man an diesem heiligen Feiertag wahrscheinlich die letzte Gelegenheit, sich mit Verwandten zu treffen, bevor die Feldarbeit begann und man hierzu keine Gelegenheit mehr bekam.

Geißkopfkirchweih

Jedes Jahr am 15. August, dem Mariä Himmelfahrtstag, findet um 10:30 Uhr am Geißkopf eine Bergmesse mit Kräuterweihe statt. Die Kräuterbüschel kann man am Gipfel des Geißkopfes kaufen. Die Kräuterbüschchen werden nach der Weihe getrocknet und im Haus aufbewahrt, sie sollen Mensch, Tier und Wohngebäude vor Unheil und Krankheit schützen.

Während der Messe wird die Waidlermesse gesungen, dies sind spezielle Waidlerlieder die zum Dank für unsere schöne Heimat und zu Ehren Gottes gesungen werden. Für eine kräftige Brotzeit wird natürlich am Geipfkopfgipfel gesorgt, die man vor oder nach der Messe zu sich nehmen kann.

Hubertusmesse

Die Hubertusmesse findet am 3. November statt, dem Namenstag des heiligen Hubertus, der als Schutzpatron der Jäger verehrt wird.

Bei diesen Messen spielen die Jäger mit ihren Jagdhörnern. Sie wollen den Schutzheiligen um ein gutes Jagdjahr bitten ohne Jagdunfälle und auch um den Schutz der Tiere vor Krankheiten und Seuchen. Oft werden diese Messen unter freiem Himmel an bestimmten Orten abgehalten, wie zum Beispiel einem dem heiligen Hubertus geweihten Brunnen.

Kammetwagen fahren

Als früher geheiratet wurde, brachte die Braut die so genannte Aussteuer mit. Dies waren meistens das Ehebett, die Schränke und sonstiges Mobiliar. Alle diese Sachen wurden dann mit einem Wagen, vor den Pferde gespannt und zum Bauerhof des Bräutigams gefahren. Mit diesem Wagen war der offizielle Umzug der Braut zum Bräutigam besiegelt. Der Wagen wurde dann Kammetwagen genannt, dieses stammt wahrscheinlich von Kammerwagen ab, da auf dem Wagen die Schlafkammer des Ehepaares war.

Heute werden solche Kammetwagenfahrten oft als Spaß zu Hochzeiten gemacht, wo hinter dem Brautpaar ein alter Wagen mit alten Schränken und einer Bettstatt fährt.

Erdarbeiten am Karfreitag

Am Karfreitag darf nicht in der Erde gegraben werden, es war eine Todsünde, wenn jemand dies tat. Es gibt mehrere Überlieferungen, warum dies so ist:

- Die Erde ist Gottesboden und darf an diesem heiligen Tag nicht berührt werden, an diesem Tag soll der Leiden Jesu gedacht werden und nicht auf dem Feld gearbeitet werden.
- Als damals Jesus gekreuzigt wurde, wurde für das Kreuz zum Aufstellen ein Loch in die Erde gegraben, darum sollte an diesem Tag niemand mehr in der Erde graben.
- Der Boden wird mit Jesu in Verbindung gebracht, wer an diesem Tag im Boden gräbt, verletzt den Körper Jesu.

Da dies aber auch ein Feiertag war, an dem man nicht feiern sollte, war es den Waidlern bald langweilig geworden und weil die Waidler ein fleißiges Volk sind, wurde der Tag zum Ausweißen verwendet. So ist es heute noch teilweise, dass viele den Karfreitag als Tag nutzen, wo man die Zimmer neu streicht.

Lichtmess 02. Februar

An Lichtmess ist in der Kirche eine Messe, wo die Kerzen geweiht werden. Früher war das Leben ohne Kerzen nicht denkbar, der Strom und somit das künstliche Licht kam teilweise erst in den 50er Jahren des 20. Jahrhunderts in den Bayerischen Wald. So waren unsere Vorfahren nach Sonnenuntergang auf die Kerzen angewiesen um noch ein wenig Licht zu haben. Da die Kerzen aber offenes Feuer waren, wurden durch Unachtsamkeit viele Brände verursacht, so ließ man die Kerzen an Lichtmess weihen, um das Unheil vom Haus abzuwenden.

Am 21.12. ist der kürzeste Tag des Jahres, von da an wächst die Länge des Tages wieder, am Lichtmesstag war dies schon sehr stark erkennbar.

Ein alter Spruch über die Länge der Helligkeit des Tages dazu lautet:

An Neijohr um an Hahnentritt,
an Dreikini um an Hirschnsprung
an Mariä Lichtmess scho a ganze Stund.

Mettenwürste

Der 24. Dezember war im Bayerischen Wald ein Fasttag, erst nach der Christmette wurden die so genannten Mettenwürste gegessen. Die Mettenwürste heutzutage sind meistens Bratwürste mit Sauerkraut. Früher aber waren die Mettenwürste Blut- und Leberwürste, die auch mit Sauerkraut gegessen wurden.

Weihnachtssau

Am 21. Dezember dem Dammerltag wurde meistens die so genannte Weihnachtssau geschlachtet, diese Sau wurde das ganze Jahr fett gefüttert, um sie kurz vor Weihnachten schlachten zu können. Da nun die kalte Jahreszeit anfing, hielt sich das Fleisch besser, da es damals keine Kühlschränke gab. Auch die Insekten waren im Winterschlaf und konnten dem Fleisch nichts anhaben. Hier wurden ebenfalls die Blut- und Leberwürste für die Mettennacht gemacht.

Der Dammerltag war wie der Andreastag 30. November, als günstiger Schlachttag bekannt, da hier die Tiere besonders gut ausbluten sollten. Daher kommt auch der Spruch: »Der Dammerl will Blut sehen«.

Diese Sau, die extra für Weihnachten aufgezogen wird, wird auch Weihnachter genannt.

Ostereierschalen

In der Osternacht findet eine Messe statt. In dieser wird eine Speisensegnung vollzogen. Hier werden unter anderem die Ostereier geweiht, die dann von der ganzen Familie am Sonntag gegessen werden sollen. Die Schalen der Eier wurden früher oft zerbröselt und auf die Felder gestreut. Durch diese Eierschalen sollte der Segen auch auf die Felder übergehen. Das Feld sollte dadurch fruchtbar und vor Korngeistern geschützt sein, wie etwa der Hobagoaß.

Patenbitten

Die meisten Vereine haben Patenvereine, mit denen man sich sehr gut versteht und die sich gegenseitig unterstützen. Plant nun ein Verein ein größeres Fest, bittet er einen anderen Verein um die Patenschaft zu diesem Fest. Der Patenverein soll den Festausrichter beim Fest unterstützen, beim Arbeiten und natürlich auch zahlreich am Fest erscheinen, um einen guten Umsatz zu machen. So ist für den Festausrichter schon mal gewährleistet, dass dieses Fest nicht zum finanziellen Desaster wird.

Das Patenbitten läuft meistens so ab, dass der bittende Verein mit einer Delegation zu dem Verein , der die Patenschaft übernehmen soll zieht. Um diesen Verein gütig zu stimmen, werden hier eine Brotzeit und viel Bier mitgenommen. Der Vereinsvorstand bittet, meistens in Gedichtform, den anderen Verein die Patenschaft zu übernehmen.

Die Feuerwehr ... ist 125 Jahr bald,
deswegen machen wir ein Fest halt.
Allein das Fest zu stemmen des wird schwer,
darum würden wir euch bitten sehr.
Dass ihr uns den Paten machen würdet,
und für uns im Notfall bürdet.

Der Patenverein lässt sich aber nicht gleich dazu überreden, sondern will sich mit dem Bittverein einen Spaß machen. So müssen die Bittenden mit einigen lustigen Spielen beweisen, wie viel ihnen die Patenschaft wert ist. Es werden Spiele gemacht wie eine Halbe Bier mit einem Löffel aus einem Teller löffeln, die Zeit gibt natürlich der zukünftige Patenverein vor. Oder Schubkarren fahren, wo ein Mann der Schieber und ein Mann der Schubkarren ist. Also im Grunde genommen lauter spaßige Spiele. Danach nimmt der Verein die Patenschaft an und es wird mit dem Bier und der Brotzeit bis spät in die Nacht gefeiert.

Raunachtsumzüge im Bayerischen Wald

Die Raunachtsumzüge wurden früher im Kleinen von den Dorfgemeinschaften abgehalten, wo ein paar Burschen durchs Dorf zogen, um die Kinder zu erschrecken. Mit den Jahren wurden diese Umzüge immer weniger und kamen fast ganz ab. Im Alpengebiet wurde aber diese Tradition weiter geführt und immer mehr ausgebaut. Diese Umzüge wurden zu Publikumsmagneten, wo viele Einheimische ihren Spaß hatten und ebenfalls viele Urlauber angezogen wurden. So schwappte diese Begeisterung wieder in den Bayerischen Wald über, wo dann wieder Raunachtsumzüge abgehalten wurden, aber nun nicht mehr nur von ein paar Burschen. Es wurden Vereine gegründet, neue Masken angeschafft und aus dem Umzug ein richtiges Event für Einheimische und Urlauber gemacht. Besonders Orte mit großem Fremdenverkehr hatten Interesse diese Spektakel wieder zu beleben, um ihren Urlaubsgästen was bieten zu können.

In folgenden Orten kann man die Raunachtsumzüge sehen:

- In Engelshütt bei Lam, jedes Jahr am 27. Dezember, seit über 10 Jahren schon findet ein Raunachtsumzug mit anschließender Raunachtsparty statt. Etliche Rawuggerlvereine aus der näheren und weiteren Umgebung sind dort anzutreffen und führen in dem extra angelegten Platz ihre Shows auf.
- In St. Englmar ist der Raunachtumzug mit anschließender Party am 28. Dezember, hier findet das Treiben am Dorfplatz und in den angrenzenden Gasthäusern statt.
- In Neuschönau findet am 05. Januar die Koishüttler Lousnacht statt, wo die Lusengeister auftreten und den Menschen das Fürchten lehren.
- Das größte Raunachtstreiben findet aber alle paar Jahre in Rinchnach statt. Die Widdersdorfer Wolferer laden die Raunachtsgruppen aus allen deutschsprachigen Ländern ein, um mit ihnen die größte Raunachtparty in Bayern zu feiern. Über

500 Mitwirkende nahmen 2012 an dem Raunachtsumzug teil, der von über 7000 Besuchern gesehen wurde. Nach dem Umzug, wo die schrecklich schaurigen Masken bewundert werden dürfen, wird in den Wirtshäusern in Rinchnach weiter gefeiert, bis tief in die Nacht.

Die Rinchnacher Raunächte fanden bis jetzt 1991, 1999, 2003, 2009 und 2012 statt und werden mit Sicherheit weiter fortgesetzt.

Rorate Messen

Seit dem Ende des 15. Jahrhunderts sind in Bayern Rorate-Messen nachzuweisen. Sie werden nur in der Zeit des Advents gefeiert. Nach der neuen liturgischen Ordnung sind Rorate-Messen nur bis zum 17.12. gestattet. Ihren Namen bekamen diese Messen vom ersten Wort des Eingangsverses der Hl. Messe: „RORATE COELI DESUPER" – „Tauet, Himmel, von oben", der dem 45. Kapitel des Jesajabuches entnommen ist. Das beliebte Advenstlied „Tauet Himmel ihr Gerechten" greift ebenfalls dieses Wort der Hl. Schrift auf, das die Sehnsucht nach dem Erlöser Jesus Christus ausdrückt.

Eine Rorate-Messe wird als Marienmesse gefeiert. Vielfach wird heute ein mit natürlichem Licht (Kerzen) gefeierter Gottesdienst, auch wenn er die Tagestexte (und nicht die marianischen Texte) aufnimmt, als Rorate bezeichnet.

Charakteristisch für eine Rorate-Messe ist die Aussetzung des Allerheiligsten Altarssakramentes am Ende der Hl. Messe. Dazu knien die Gläubigen nieder und beten Jesus Christus, gegenwärtig in der Hl. Hostie, an. Dazu wird gerne der „Engel des Herrn" gebetet, bevor der Eucharistische Segen gespendet wird.

Die Rorate-Messen erfreuen sich auch noch in heutiger Zeit großer Beliebtheit und werden gerne zu früher Morgenstunde, vor Beginn der Arbeit gefeiert. Dazu mag mit Sicherheit auch das gemüthafte Element beitragen: Der Gang zur Kirche am frühen Morgen bei Kälte und Schnee, das warme, lebendige Licht, das allein die Kirche erhellt, die schönen Adventslieder und nicht selten ein gemeinsames Frühstück, das viele Pfarreien im Anschluss an die Rorate-Messe anbieten. Auch Kinder und Jugendliche kommen gerne und machen sich anschließend auf den Weg zur Schule.

In Regen sind die Rorate-Messen immer freitags im Advent um 6:00 Uhr.

Ruaßiger Freitag

Der ruaßige Freitag war der letzte Freitag im Fasching, hier versuchte man, sich gegenseitig Ruß ins Gesicht zu schmieren. Am letzten Faschingswochenende waren die Menschen in großer Feierlaune, also verkleideten sie sich und bemalten ihre Gesichter. Da man aber früher noch keine Schminke besaß, wurde das Gesicht einfach mit Ruß aus dem Ofen geschwärzt. Wurde dann jemand erwischt der sich nicht verkleidet oder noch kein schwarzes Gesicht hatte, war dies die höchste Freude, denjenigen mehr oder weniger freiwillig das Gesicht zu schwärzen.

Schneeverbrennen im Bayerischen Wald

Jedes Jahr am Abend des letzten Aprilsamstags wird von der Bergwacht am Arber das Schneeverbrennen veranstaltet. Hier wird an einem Hang des Arbers, über dem Schutzhaus, ein riesiges Kreuz aus brennenden Fackel gemacht. Das offizielle Ende des Winters am Arber wird so eingeläutet und Gott gedankt für die vergangene Saison. Beginn ab 18:30 Uhr, das Feuer wird bei eintretender Dunkelheit entzündet.

Auch am Landshuter Haus auf der Oberbreitenau wird dieser Brauch vollzogen, jedes Jahr am Samstag nach Ostern, Beginn ab 19 Uhr.

Schnitzer im Bayerischen Wald

Die Waidler waren immer ein fleißiges aber armes Volk, den ganzen Sommer arbeiteten sie, auf den Feldern oder im Wald um die Familie zu ernähren. Brach dann der Winter ein, konnten sie draußen nichts mehr arbeiten, da der Schnee alles meterhoch zugedeckt hatte, so brauchten sie eine Arbeit, die sie in der Stube verrichten konnten. Durch den geübten Umgang mit Holz fingen einige zu schnitzen an, da die Waidler sehr gläubige Menschen sind, war das Motiv gleich gefunden. Es wurden Kreuze mit dem gekreuzigten Herrgott geschnitzt, geübte schnitzten sogar Heiligenfiguren. Sehr beliebt war auch das Anfertigen von Weihnachtskrippen, die Materialen wurden das Jahr über im Wald gesammelt, um in der kalten Jahreszeit die Krippen bauen zu können. Diese Kreuze, Figuren und Krippen konnte man für etwas Geld verkaufen und so hatten die Waidler eine kleine Nebeneinkunft. Als dann der Tourismus einsetzte, waren diese aus Holz gefertigten Sachen, natürlich als Mitbringsel sehr geeignet, so dass aus den Gelegenheitsschnitzern bald richtige Berufsschnitzer wurden. In der heutigen Zeit ist es nicht mehr so modern, sich Holzkreuze oder Heiligenfiguren in die Wohnung zu stellen, so ging der Handel immer mehr zurück, bis nur noch wenige Schnitzbetriebe im Bayerischen Wald vorhanden waren. Die meisten hielten sich in Touristenhochburgen wie Bodenmais.

Das Weihnachtskripperl bauen ist aber in den letzten Jahren wieder im Aufschwung, in der Zeitung kann man vor Weihnachten lesen, das viele Kripperlausstellungen veranstaltet werden. Die Menschen finden wieder Spaß daran, Moose, Wurzeln oder sonstiges Allerlei im Wald zu sammeln und daraus eine Krippe zu basteln. Die sie dann stolz als selbst gemacht präsentieren können.

Nähverbot am Sebastitag

Am Sebastitag 20. Januar mussten die Nadeln ruhen, es durfte nicht genäht werden. Der heilige Sebastian wurde von Bogenschützen mit ihren Pfeilen hingerichtet, da die Nadel einem Pfeil ähnelt, war damals der Glaube, wenn man mit einer Nadel näht, sticht man dem heiligen Sebastian ins Fleisch.

Sitzweil

In der Winterszeit liest man ab und zu in der Zeitung, dass Wirtshäuser zur Sitzweil einladen. Die Sitzweil ist ein gemütliches Beisammensein mit volkstümlichen Liedern, wo jeder mit singen kann. Ab und zu auch mit Stubenmusik, wo sich einfach gemütlich unterhalten wird.

Der Begriff Sitzweil kommt aus der Zeit, als es noch keinen Fernseher gab und sich die Leute in den langen Winterabenden beschäftigen mussten. So kam die ganze Nachbarschaft in einem Haus zusammen, dort wurde dann miteinander gesungen, geratscht oder Späße gemacht. Am nächsten Abend traf man sich beim nächsten Nachbarn.

Einfach ein gemütliches Beisammensein unter Freunden war die Sitzweil damals.

Da heutzutage jeder am Abend vor dem Fernseher sitzt und seine Ruhe will, ist diese schöne Tradition leider abgekommen, nur noch in ein paar Wirtshäusern wird diese Sitzweil weiter geführt. Wo sich dann musikbegeisterte und gemütliche Menschen zum Zeitvertreib treffen.

St. Martin war Pachttag

An Sankt Martin, 11. November wurden früher die Pacht oder die Steuern eingefordert. Die Ernte war eingefahren, die Tiere von den Weiden im Stall, die Vorratsschränke der Bauern gefüllt, so legten die Adeligen auf den 11. November den Tag, wo sie ihren Zehnten oder die Pacht von den Bauern einforderten. Viele Bauern zahlten damals in Naturalien, wie Schlachtvieh oder mit einem Teil der Ernte. Für die Adeligen war dies ein Festtag, wo sie dann gleich eine von den eingeforderten Gänsen schlachten und braten ließen, um sie zu verspeisen. Die Gans steht mit St. Martin eng in Verbindung, da dieser sehr beliebt war und als er nun ausgewählt wurde zum Bischof geweiht zu werden, versteckte er sich in einem Gänsestall, damit ihn keiner findet und er so der Weihe entgehen könnte. Aber die Gänse verrieten ihn durch ihr lautes Geschnattere, deshalb werden heute noch Martinsgänse gebacken oder gebraten, um an diese Geschichte zu erinnern.

Staade Zeit

Die staade Zeit war vom 25. November, dem Kathreinstag, bis zum 6. Januar, dem Heiligendreikönigstag, hier war Tanzverbot und die Zeit sollte zum Fasten und zum Nachdenken genutzt werden. Heute noch kennen wir den Spruch: »Kathrein stellt den Tanz ein«. In dieser staaden Zeit waren die Arbeitstage ohne elektrischen Strom kurz, so dass man früher wenig draußen arbeiten konnte, das Leben wurde an diesen Tagen ruhiger. Es war Zeit für die Winterarbeiten, es wurde der Flachs gebrochen, Wolle gesponnen, geschnitzt und genäht, das waren alles Arbeiten, die in der Stube mit Kerzenlicht vollbracht werden konnten. Es war im Großen und Ganzen eine ruhige (staade) Zeit.

Ab und zu war die Arbeit in der Gemeinschaft schöner und lustiger, so trafen sich die Einwohner des Dorfes, entweder jeden Tag in einer anderen Stube des Dorfes oder im Brechhaus. Dort erzählten sie sich Schauermärchen oder lustige Begebenheiten. Auch wurde in diesen Arbeitsgemeinschaften ziemlich viel geflirtet und angebandelt, wenn die ledigen Männer und Frauen in einer Stube waren. Den ganzen Sommer kamen sie wegen der Arbeit selten zusammen und nun saßen sie Abende lang zusammen und unterhielten sich.

Steckerlweihe am Ostersamstag

Am Ostersamstag wird vor der Osternachtsmesse ein Osterfeuer angezündet. An diesem Osterfeuer wird dann feierlich die Osterkerze entzündet und in die Kirche getragen, als Zeichen für die Auferstehung Christi. In das Osterfeuer wurden kleine Kreuze aus Steckerl gehalten und angesengt, dies nannte man Steckerlweihe. Früher war der Glaube, dass diese Kreuze durch das Feuer geweiht waren und so gegen das Böse verwendet werden konnten. Diese Kreuze wurden dann, am nächsten Tag, an die Ecken der Felder gesteckt, um die bösen Korngeister zu vertreiben, wie etwa die Habergeiß oder den Bilmesschneider. Auch für eine gute Ernte mit Gottes Segen sollten sie sorgen. Oft wurde noch ein kleiner Zweig vom Palmbuschen an die Kreuze gesteckt.

Wenn das Feld dann geackert wurde, wurden die Kreuze mit in die Erde eingeackert und waren somit im Feld mit der Saat. Regional wurden an allen vier Ecken des Feldes die Kreuze angebracht, um alle vier Seiten zu schützen. In manchen Gegenden wurde nur auf drei Seiten des Feldes das Kreuz angebracht, damit das darin versteckte Böse auf einer Seite entfliehen konnte, nicht dass es in das Feld eingesperrt wurde und so vor Zorn großen Schaden anrichtete.

Das Osterfeuer wurde früher aus den alten Kränzen des Vorjahres vom Friedhof gemacht, auch die Birken vom Kranzltag wurden mit dem Feuer verbrannt.

Der Messner hielt dann die Steckerlkreuze kurz in das Feuer und so wurde der Segen des Osterfeuers auf die Kreuze übertragen. So wie Jesus auferstanden ist, sollten die Felder auch nach dem Winter auferstehen und gute Ernte bringen.

Steckerlkreuze

Aus den Ästen der Nussstaude, etwa 1 cm Durchmesser und 20 cm lang werden Kreuze gemacht. Das Steckerl von oben her, mittig bis zur Mitte der Länge einschneiden, das zweite Steckerl von oben her komplett im Durchmesser halbieren und dann in das erste Steckerl einschieben, so dass es ein Kreuz ergibt. Die Steckerl dann mit Kiefernharz fixieren, so dass sie nicht mehr verrutschen können. Das Kiefernharz wird schwarz und sehr hart, wenn es das Feuer erwärmt.

Das Tragen der Wolfauslasserglocken

Im mittleren Bayerischen Wald ist das Wolfauslassen in der Zeit um Martini ein beliebtes Brauchtum. Hier wird mit schweren, teilweise bis 60 cm hohen Glocken geläutet, vom Aussehen her sind diese Glocken ziemlich gleich, egal ob es eine Gruppe aus Rinchnach oder aus dem Zellertal ist. Nur die Trageweise unterscheidet die Gruppen regional. Die Wolfauslasser aus der Gegend um Rinchnach, Kirchberg und Bischofsmais haben den Gurt der Glocke um die Hüfte gebunden und die Glocken liegen auf den Oberschenkeln auf. Die Gruppen aus Bodenmais und dem Zellertal haben den Gurt um die Schultern gebunden und die Glocken liegen auf der Brust und dem Bauch auf. Die ursprüngliche Art war wahrscheinlich mit dem Gurt um den Hals, wie es die Tiere auf den Weiden auch hatten. Die Glocken wurden mit der Zeit erst größer. Die ursprünglichen Glocken waren die kleinen Glocken der Weidetiere, die man ihnen abnahm, wenn sie den Winter im Stall verbrachten. Diese kleinen Glocken konnte man sich um die Hüfte binden, so dass sie beim Laufen und Hüpfen geschwungen wurde und läuteten. So brauchte man keine Angst haben, dass einem die Glocke ins Gesicht fliegt beim Läuten, deshalb wird sich der Brauch, die Glocke um die Hüfte zu schnallen, in einigen Gegenden so gewandelt haben.

Vorbeimess

Die Vorbeimess war eine spezielle Messe, die vor allem von Männern besucht wird. Wenn eine Hochzeit gefeiert wurde, so gingen alle eingeladenen Gäste mit in die Kirche, um die Trauung zu sehen. Da die Hochzeiten meist gut besucht sind, fallen ein paar Besucher mehr oder weniger dem Brautpaar und dem Priester nicht auf. So treffen sich die Männer vor der Kirche und täuschen vor, als wollen sie an der Trauung teilnehmen, wenn aber das Brautpaar in der Kirche verschwunden ist, gehen einige Männer ins daneben liegende Wirtshaus, um ein paar Halbe zu trinken. Pünktlich, wenn die Gäste dem Brautpaar nach der Kirche gratulieren, sind die Vorbeimessgänger wieder zur Stelle und gratulieren dem Brautpaar zur Hochzeit. Ohne dass dem Brautpaar aufgefallen ist, dass einige in der Kirche fehlten.

Andere Männer sagten zu Hause, dass sie in die Kirche gehen zu den Gottesdiensten, sie gehen aber an der Kirche vorbei und ins Wirtshaus. Dies wird dann Vorbeimess genannt.

Wissenswertes von A - Z

Altweibersommer

Der Altweibersommer ist eine der schönsten Jahreszeiten im Bayerischen Wald, die Natur zeigt ihre schönsten Farben. Die Luft ist kühl und klar und eignet sich hervorragend zum Wandern, man kann Fernblicke bis weit in die Alpen genießen.

Warum diese Jahreszeit Altweibersommer genannt wird, dafür gibt es mehrere Erklärungen. Hier sind zwei davon:

1. Weiben heißt auf altgermanisch weben. In den Spätsommertagen liegt in den Morgenstunden sehr viel Tau auf den Bodenpflanzen und natürlich auf den Spinnennetzen, die dort sind. Durch den Tau sind die Spinnennetze viel besser zu erkennen als im Sommer, wo sie fast unsichtbar sind. So wurde diese Jahreszeit Altweibersommer genannt, von den Weiben der Spinnen, die im Spätsommer sichtbar werden.

2. Die Spinnennetze am Boden werden um diese Jahreszeit sichtbar. Die Menschen glaubten früher, dass sich hier die alten Hexen ihre Haare kämmten und die mit dem Kamm ausgerissenen dort liegen ließen. Die Hexen waren in den alten Erzählungen immer alte Weiber (bayrisch für Frauen) und daher kommt der Name Altweibersommer, da diese Haare immer um diese Jahreszeit auf den Wiesen und in den Wäldern gefunden wurden.

Ansprechen von Krankheiten

Früher gab es in jedem Dorf im Bayerischen Wald jemanden, der sich darauf verstand, Krankheiten anzusprechen. Dieser Mann oder diese Frau wurde immer gerufen, wenn kein Arzt in der Nähe war oder der Arzt zu teuer war. Der Bayerische Wald war sehr abgelegen und die Menschen waren sehr arm, der Besuch eines Arztes wäre zu teuer gewesen, falls überhaupt einer in der Nähe war. So wurde der Ansprecher gerufen, egal ob ein Tier oder ein Mensch krank war. Der Ansprecher hatte für alle Wehleiden einen Spruch, ein Gebet oder ein Ritual. Meistens wurden diese Sprüche als Reime gesagt und dann mit einem »Gelobt sei Jesus Christus« oder »im Namen des Vater und des Sohnes und des Heiligen Geistes« abgeschlossen. Es wurde sich auf die Hilfe Gottes berufen, um dem Spruch oder dem Ritual mehr Kraft zu geben.

Wie zum Beispiel:

Das Bauchweh plagt dich, wie ich sehe,
ich bitte darum, dass es vergehe.
Darunter sollst du nicht mehr leiden,
der Bauchschmerz soll dich meiden.
Im Namen des Vater und des Sohnes
und des heiligen Geistes Amen.

Nach dem Ansprechen wurde dann noch ein Vater unser oder ein Ave Maria gebeten, dieses sollte den Spruch noch verstärken.

Diese Sprüche wurden von dem Ansprecher streng geheim gehalten und nur an seinen Nachfolger weiter gegeben, der oder die meistens aus seiner Familie stammte.

Der Glauben an diese Ansprecher war so groß, dass diese Sprüche meistens halfen, wie man schon sagt, der Glaube versetzt Berge. Allein der Glaube, dass ihnen geholfen wird, linderte ihre Leiden.

Auch waren diese Ansprecher meistens kräuterkundig und konnte gegen bestimmte Krankheiten mit Gebeten und Kräutersubstanzen vorgehen. So wurde gegen Bauchweh ein Gebetsspruch gesagt und den Erkrankten eine Blutwurzwurzel zum Kauen gegeben und schon waren die Schmerzen weg.

Manche Geschichte erzählt, dass die Ansprecher sich nicht nur auf das Wehleiden von Lebewesen beschränkten, sondern einige konnten sogar das Wetter ändern. Wenn zum Beispiel ein starkes

Gewitter aufzog, besprachen diese Menschen das Gewitter, dass es sich langsam ausregnete oder sie beschworen einen Wind herauf, der das Unwetter weg schob. Auch sollen welche das Feuer beschwichtigen gekonnt haben, wenn das Löschen mit Wasser nicht mehr anrührte, beschworen sie die Feuersbrunst und diese wurde merklich kleiner und konnte wieder mit Wasser gelöscht werden.

Auch vielen Geistlichen wurden solche Fähigkeiten zugesprochen.

Heutzutage glauben im modernen Europa nicht mehr viele an solche Ansprecher, in anderen Kulturen wird aber diese Tradition noch weiter geführt. Auch wenn bestimmt hier nicht alles zu heilen ist, aber allein durch den Glauben, dass geholfen wird, kann manche Krankheit besiegt werden.

Körperteile von Armen Seelen

Hingerichtete und Selbstmörder blieb der Weg ins Himmelreich versperrt, so mussten sie als Arme Seelen auf der Erde wandeln, bis sie ihre Schuld abgebüßt hatten oder der Jüngste Tag kommt. Die Leichen von diesen Armen Seelen waren sehr begehrt, vielen ihrer Körperteile waren magischen Kräften zugeschrieben, oder man brauchte sie um einen bösen Zauber zu machen. Besonders waren Hände, Finger oder der Strick des Erhängten begehrt, dies ging so weit, dass die Polizei die Hingerichteten bewachen musste, um die Leichen vor Schändung zu bewahren, da ihnen die Menschen immer was abschnitten. Die Leichen wurden dann dem Scharfrichter übergeben, der sie zu beseitigen hatte, da diese aber immer schlecht bezahlt waren, handelten sie mit diesen Körperteilen insgeheim weiter.

Armeseelenschmalz

Dieses Schmalz (Fett) wurde aus toten Menschen gewonnen und durfte nur vom Scharfrichter ausgekocht und produziert werden. Das Schmalz durfte nur von Menschen genommen werden, die ihr Leben verwirkt hatten, wie etwa zu Tode verurteile Mörder oder Selbstmörder. Dem Schmalz wurde eine große mystische Kraft zugesprochen, aber auch in der Medizin wurde es für Heilsalben, wie zum Beispiel gegen Rheuma oder Wundheilung verwendet. Dieses Schmalz war eine große Einnahmequelle für die Scharfrichter, und so wurden viele Selbstmörder oder Hingerichtete zerlegt und ausgekocht, um an dieses wertvolle Fett zu kommen. Bis in die Mitte des 20. Jahrhundert wurde das Menschenfett in der Medizin verwendet und war im Handel unter dem lateinischen Namen »Axung Hominis« erhältlich.

Arbermandl

Die Arbermandl sind nicht etwa, wie der Name verkünden lässt, irgendwelche Sagengestalten, die am Arber ihr Unwesen treiben. Die Arbermandl sind kleine Fichtenbäume, die am Arber wachsen. Diese sind im Winter mit Schnee bedeckt und bilden mit Schnee und Frost seltsame Gebilde. Teilweise sehen diese Bäume aus wie Lebewesen mit Armen und Beinen, die es im Schnee eingefroren hat und nur darauf warten, bis die Sonne ihr eisiges Gefängnis weg schmilzt.

Bischofshaube Silberberg

Neben Bodenmais liegt der Silberberg, mit seinen 955 Metern Höhe zählt er nicht gerade zu den höchsten Bergen im Bayerischen Wald, aber dennoch ist dieser Berg ein sehr beliebtes Ausflugsziel. Mit seinem Bergwerk, den Sommer- und Winterrodelbahnen und vielen weiteren Attraktionen ist er auf jeden Fall einen Besuch wert. Von den Einheimischen wird der Berg die Bischofshaube genannt, dies hat folgenden Grund, wenn man von Richtung Zellertal auf den Silberberg schaut, gleicht sein Gipfel einer Bischofshaube.

Bummal Stier Ochs

Ein Bummal ist ein junger Stier, der noch vor der Geschlechtsreife steht.

Ein Ochs ist ein kastrierter Stier, durch die Kastration wurde der Ochs zu einem handsamen Tier und konnte in der Landwirtschaft eingesetzt werden. Wie zum Beispiel zum Pflügen, der Stier wäre unberechenbarer gewesen und wäre ein Gefahr für den Bauern gewesen. Auch das Fleisch der Ochsen soll besser sein, da dieser keine Hormone wie der Stier produziert.

Ein Stier ist ein ausgewachsenes männliches Rind, das zur Zucht verwendet wird.

Kuh Kaiwe Koim

Ein Kaiwe ist ein Junges einer Kuh, ein so genanntes Kalb.

Eine Koim ist eine junge Kuh, die noch kein Kalb zur Welt gebracht hat und so auch noch keine Milch produziert. Diese Koima stehen meistens im Freien auf den Wiesen, da sie nicht gemolken werden müssen, brauchen sie nicht in den Stall. So stehen diese Koima das ganze Jahr draußen und ernähren sich vom Gras, ohne dem Bauern viel Arbeit zu machen. Diese Koima sind dann auch nicht so zahm wie die Milchkühe, da sie die Anwesenheit der Menschen nicht gewohnt sind, hier sagt man, diese sind halbwild.

Eine Kuh ist ein weibliches Rind, das schon ein Kalb geboren hat und täglich Milch produziert und deshalb im Stall steht, weil es täglich gemolken werden muss.

Des Teufels Schnupftabak

Auf der Wiese findet man ab und zu einen seltsamen Pilz, rund geformt, und wenn man drauf tritt, raucht es aus ihm heraus. Dies ist der Bovista, dieser Pilz verbreitet seine Sporen, indem er sie in die Luft schießt. Wenn jemand seinen getrockneten Fruchtkörper berührt, da diese voll Sporen sind, sieht es aus als rauche es aus dem Pilz. Wer die Sporen einatmet, der soll ein euphorisches Gefühl bekommen, wie wenn man über den Dingen steht und fliegen könnte. Der Qualm des Pilzes erinnerte die Menschen an Tabakrauch, das Innere des Pilzes an Schnupftabak und die Form an eine Schnupftabakdose, die vielleicht jemand auf der Wiese verloren hatte. Dann kam noch die Wirkung der Sporen auf den Menschen, die nur vom Teufel selber stammen kann, so war dieser Pilz verrufen als Schnupftabak des Teufels. Wenn man dann so einen Pilz auf der Wiese sah, wurde gesagt, dass der Teufel wieder seine Schnupftabakdose verloren hat. Für die Kinder ist es ein Heidenspaß, auf diese Pilze zu treten und sie rauchen zu lassen. In der heutigen Medizin wird aus dem Pilz ein Mittel gegen Lustlosigkeit und Kraftlosigkeit im Alltag produziert.

Der Bovista, ein seltsamer Pilz.

Die längste unversehrte Brücke Deutschlands

1874 wurde mit dem Bau einer Eisenbahnlinie von Plattling nach Bayerisch Eisenstein begonnen, diese Bahnstrecke sollte den mittleren Bayerischen Wald erschließen und von Bayerisch Eisenstein den Handel zwischen Bayern und Böhmen erleichtern. Auf böhmischer Seite sollte sie dann weiter bis nach Pilsen reichen. Beim Bau dieser Bahnstrecke mussten viele Hindernisse überwunden werden. Es mussten einige Tunnel gegraben und einige Brücken gebaut werden. So wurde im Jahre 1877 mit dem Bau einer Brücke über die Schloßauer Ohe begonnen, diese Brücke war knapp 50 Meter hoch und fast 310 Meter lang. Im 2. Weltkrieg wurden von den Alliierten viele Brücken bombardiert um die Nachschubwege der deutschen Wehrmacht zu erschweren, aber auch die Wehrmacht sprengte einige Brücken um den Vorstoß der Alliierten zu verlangsamen, so waren alle größeren Brücken Ende des 2. Weltkriegs zerstört. Durch die Abgelegenheit des Bayerischen Waldes war die Ohebrücke von fast keinem strategischen Nutzen, so blieb die Eisenbahnbrücke unversehrt. Nach dem Krieg war sie dann die längste intakte Brücke Deutschlands.

Dort wo die Steine wachsen

Wenn die Bauern im Bayerischen Wald ihre Felder pflügen, kommen immer wieder Steine zum Vorschein, egal wie oft man das Feld schon gepflügt hat. Immer wieder bringt es beim Pflügen neue Steine an Licht. Die Waidler dachten sich dann, dass im Bayerwaldboden die Steine nie zu Wachsen aufhören, da immer wieder neue zum Vorschein kamen. Deshalb wird der Bayerwald auch der Ort, wo die Steine wachsen, genannt.

Die Bauern klaubten früher diese Steine mühsam aus und legten sie an den Rand des Feldes, wo im Laufe der Jahre teilweise einen Meter hohe Mauern entstanden sind. Diese Mauern kann man heute noch in Wäldern sehen. Dort war früher kein Wald, sondern Felder, erst später pflanzte man den Wald an. Zwischen der

Oberbreitenau und dem Geißkopf kann man eine solche lange Mauer sehen. Der Wald dort wurde erst nach dem 2. Weltkrieg angepflanzt, vorher waren dort hunderte Jahre lang Felder. Viele Menschen glauben, wenn sie an diesen Mauerüberresten vorbei gehen, dass die Überbleibsel von Häusern oder gar Burgen sind, aber dass dies vorher Felder waren, kann sich keiner mehr vorstellen. Viele Mauern wurden auch bei der Flurbereinigung abgetragen und die Steine verkauft.

Falscher Hase

Es gibt viele Geschichten, wo die Waidler in Hungers- und Kriegszeiten sogar ihre Katze geschlachtet haben, um die Familie zu ernähren. Der Körperbau einer Katze ähnelt sehr dem eines Hasen, schneidet man die Vorderfüße weg, so kennt man fast keinen Unterschied.

So begab es sich oft, dass die Hauskatze geschlachtet wurde und den Kindern gesagt wurde, dass dies ein Hasenbraten sei. Den Kindern schmeckte der Braten vorzüglich. Die Waidler selber kauften sich nur ungern von jemand Fremden einen geschlachteten Hasen, da sie sich nicht sicher waren, ob sie nicht übers Ohr gehauen wurden und eine Katze bekamen. So waren sie meistens gezwungen selber Hasen zu halten, um sicherzugehen, nicht eine Katze am Küchentisch serviert zu bekommen.

Der Bayerische Wald war früher einer der ärmsten Landstriche in Bayern, das Leben war hart und die Natur rau. So war es für die Menschen in diesem Landstrich normal mit dem auszukommen, was sie selber hatten. War das Essen knapp, musste der Hund oder die Katze dran glauben, dies war sicher nicht an der Tagesordnung, aber in Notfällen kam dies des Öfteren vor. Für unsere Vorfahren war dies ganz normal und keiner schaute den anderen angeekelt an, weil er seinen Hund selchte. Wenn man mit den Waidlern reden könnte, die vor hundert Jahren lebten und ihnen sagen würde, dass wir heutzutage Krokodile, Kängurus, ... essen würden sie uns angeekelt anschauen und sagen, was muss dies für eine arme Zeit sein, wenn unsere Nachkommen so was essen. Genau so sind viele Menschen heute angeekelt, wenn sie erfahren, dass unsere Vorfahren früher Hunde und Katzen verspeist haben.

Die Essgewohnheiten der Menschen ändern sich mit jeder Generation, wer geht heute noch zum Kesselfleischessen? Ich meine dem ursprünglichen, wo alles vom Kopf gegessen wird, mit samt Nase und den Ohren. Nicht so wie heute, wo nur noch ein mageres Fleisch und ein Wammerl angeboten werden, weil dass andere keiner mehr essen würde. Für die älteren Waidler sind die Nase oder die Ohren der Sau eine Delikatesse und wir schauen angewidert weg. Genau so ist für die einen die Hirgstmil das Beste, was es gibt, die anderen plagt schon der Würgereiz, wenn sie nur in die Küche kommen, wo diese zubereitet wird. Der Ekel über das Essen liegt allein daran, wie man aufwächst und was man als Kind von den Eltern vorgelebt bekommt.

Färben mit Blutwurz

Mit der Wurzel des Blutwurzes wurde früher nicht nur ein wohlschmeckender und gesunder Schnaps gemacht, sondern auch Stoff gefärbt. Die Wurzel wurde eingelegt, um ihr die blutrote Farbe zu entlocken War der Sud dann rot, konnte man Stoffe oder Wolle einlegen, die dann diese rote Farbe annahm.

Je nachdem wie lang die Wurzel eingelegt wurde, gab es eine hellrote bis dunkelrote Farbe und so konnte man auch die Kleidung in verschiedenen Rottönen färben.

Flederwisch

Ein Felderwisch ist ein Flügel von einer Gans, dieser wird beim Schlachten aufgehoben und samt Knochen, Fleisch und Sehnen getrocknet. Dieser Flederwisch wurde früher zum Staubwischen oder zum Zusammenkehren verwendet. Durch die vielen Federn konnte man kleinste Schmutzpartikel zusammenkehren. Auch zum Ofen reinigen wurde der Flederwisch gerne verwendet, da er mit seinen Federn in alle Ritzen im Ofen kam und man mit ihm die ganze Asche entfernen konnte. Wurde der Felderwisch einmal feucht, war er unbrauchbar, da dieser dann wieder zu verrotten anfing und zerfiel.

Germ

Zu Backhefe wird in Bayern „Germ“ gesagt, diese wird zum Backen von Mehlspeisen verwendet. Die Leute früher waren davon überzeugt, wenn man ein kleines Stück von der Germ isst, bekommt man eine schöne glatte Haut und es soll sehr gut für den Darm sein.

Katzenbeigl

Katzenbeigl, so wird das Fell einer Katze genannt. Dieses Fell war früher im Bayerischen Wald sehr begehrt, es sollte gegen Rheuma und Rückenschmerzen helfen. Die Katzen haben ein sehr dichtes und weiches Fell, das sehr kuschelig war und warm hielt. Natürlich musste die Katze leider sterben, damit die Waidler an dieses Fell kamen.

Diese Felle wurde auch in den Apotheken oder bei den Badern verkauft. Erst ab den 1980er Jahren wurde der Verkauf der Felle seltener, bis es dann verboten wurde, diese zu verkaufen. Die Felle wurden zugeschnitten, bearbeitet und sahen so ähnlich aus wie der Nierengurt für Motorradfahrer. Viele alte Waidler schwören aber heute noch auf die Wirksamkeit des Felles und haben auch noch welche in ihren Schränken lagern.

Kean oder Kien

Der Kean ist ein Holzstück, das mit sehr viel Harz angereichert ist. Dieser Kean wurde früher von den Leuten als Lichtquelle genutzt, da dieser durch das Harz ziemlich gut und lange brannte, er ist auch unter dem Namen Kienspan bekannt. Der Kean wurde von Kiefern oder von Lärchen entnommen, wenn einer dieser Bäume eine Verletzung hatte, durch einen umfallenden Baum zum Beispiel, produzierte der Baum an der Verwundung sehr viel Harz und schützte sich so. Diese mit sehr viel Harz angereicherte Stelle wurde dann, nach dem Fällen des Baumes, raus geschnitten und in die so genannten Kienspäne zerteilt, die etwa eine Länge von 20 cm hatten. Auch aus den Wurzeln wurden diese Kienspäne gewonnen, wenn der Baum gefällt wurde, lebte die Wurzel noch einige Jahre weiter und versuchte den Baumstumpf zu verharzen, so entstand in der Wurzel ein sehr harzhaltiges Holz. Diese Wurzel wurde dann, zwei Jahre nach der Fällung, ausgegraben und in Stücke zerteilt, aus diesen Stücken wurden dann die Kienspäne geschlagen. Oft wurden auch Jahre vor der Fällung die Bäume absichtlich verletzt, so dass sich der Kean bildete, den man Jahre später erntete.

Mit diesen Kienspänen konnte man dann ein wenig Licht ins Dunkel bringen, besonders gern wurden sie im Bergbau verwendet, aber auch in den Häusern, die sich keine Kerzen leisten konnten.

Der Kean duftete extrem nach Harz, dies ist aber kein unangenehmer Duft, so wurde er in die Kleiderschränke gelegt. Nebenbei schrieb man ihm zu, dass er die Motten aus den Schränken fernhalten sollte.

Aus anderen Bäumen, wie etwa Fichten oder Tannen konnte man diesen Kean auch gewinnen, aber am besten und intensivsten war er nur bei den Kiefern und Lärchen.

Kuhhorn als Scheide für den Wetzstein

Das Korn wurde früher mit der Sense gemäht, da die Sensen ziemlich bald stumpf wurden, mussten sie sehr oft nachgeschärft werden. Also hatte jeder Mäher seinen eigenen Wetzstein dabei, dieser wurde in ein Kuhhorn gesteckt, das man am Gürtel angebunden hatte. So hatte man den Wetzstein immer griffbereit dabei und konnte jederzeit seine Sense nachschleifen.

Das Kuhhorn wurde der Kuh nach dem Schlachten abgeschnitten und dann abgekocht. Durch das Kochen löste sich das Horn von dem Knochenfortsatz und man konnte es runter ziehen, wobei man ein hohles Horn bekam. Da dann aber immer noch Rückstände im Horn waren, die verwesen und so das Horn mit zerstören konnten, wurde das Horn über einen Sommer lang in oder neben einen Ameisenhaufen gelegt. Die Ameisen fraßen alles, was nicht aus Horn war weg und so bekam man ein blankes und nicht mehr stinkendes Horn. So wurden ebenfalls die Trinkhörner unserer germanischen Vorfahren hergestellt.

Das Kuhhorn wurde auch noch für andere Sachen verwendet, zum Beispiel für Schnupftabakdosen. Hier wurde das äußere Kuhhorn weich gekocht und in eine Form gedrückt. Nach dem Erkalten behielt das Kuhhorn die vorgegeben Form.

Biestmilch

Die Biestmilch ist die Milch, die die Kühe die erste Zeit nach der Geburt des Kalbes abgeben. In dieser Milch ist alles enthalten, wie Vitamine, Mineralien und Antikörper, die das Jungrind braucht, um geschützt ins Leben zu starten. Oft wird ein Teil dieser Milch von den Bauern auch eingefroren, für Notfälle, wenn eine Mutterkuh keine Milch geben sollte. Dann gibt man dem Kalb einfach die konservierte Biestmilch einer anderen Mutterkuh, so dass dieses auch den Vorteil dieser Milch hat.

Diese Biestmilch oder auch Erstmilch wird grundlegend von allen Säugetieren produziert.

Lostage

Das sind Tage, an denen die Menschen, vor allem die Bauern, früher deuten konnten, wie das Wetter oder die Ernte wird. An diesen Tagen konnte man also in die nahe Zukunft horchen, auf altbayerisch lousen. Von diesem Lousen kommen die Loustage oder Lostage. Einige dieser Lostage sind uns heute noch bekannt, wie der Siebenschläfertag 27. Juni, die Hundstage oder der Sebastitag.

Diese Lostage wurden über Jahrtausende beobachtet und aufgeschrieben, meistens wurde zu den jeweiligen Namenstagen ein Spruch gedichtet, wie zum Beispiel für den 29. Juni:

»Peter und Paul klar,

hoffe auf ein gutes Jahr«

Durch die Umstellung vom gregorianischen auf den julianischen Kalender 1582 wurden hier einige Tage verschoben und somit auch einige Namenstage, so dass man heute nicht mehr genau sagen kann, ob die Wetterregeln genau auf diesen Tag stimmen. War es eine Wetterregel, die vor dem 16. Jahrhundert entstand, so stimmte das Datum nicht mehr mit dem neuen Kalender überein. Dadurch stimmten die Sprüche mit den Namenstagen nicht mehr überein und so wurden die Lostage fast vergessen.

Nicht zu verwechseln sind die Lostage mit den Losnächten. In den Losnächten kann man mit allerlei Ritualen und Zauberei in die Zukunft schauen. Die Lostage beruhen auf seit jahrtausenden beobachteten Wetterphänomenen.

24. Februar hl. Mattheis

An Mattheis ist eine Wetterwende, war der Winter bis hierher mild, so wird es um den 24.02. nochmal sehr kalt. War der Winter kalt und eisig, beginnt hier das Eis zu schmelzen und eine wärmere Zeit beginnt.

Dazu gibt es einen bekannten Spruch:

„Mattheis brichts Eis, hod a koans, mocht da oans."

Es gibt noch weitere Sachen, auf die der hl. Mattheis hinweist:

Ab diesem Tag soll man nicht mehr übers Eis gehen.

Die Hennen fangen hier wieder zu legen an.

Mittagsplatzl

Das Mittagsplatzl ist ein Aussichtspunkt, wo man direkt über der Arberseewand steht und fast senkrecht nach unten auf den Arbersee schauen kann. Warum dieser Platz Mittagsplatzl heißt, ist folgendermaßen überliefert, als die Bodenmaiser Hirten im Frühling die Stiere auf die Schachtenwiesen zwischen Arber und Hochzell trieben, waren sie meistens um die Mittagszeit auf dem Platz. Wenn sie dieses Ziel erreicht haben, machten sie Brotzeit, so wurde dieser Aussichtspunkt Mittagsplatzl genannt und ist uns so bis heute überliefert.

Die Tiere wurden meistens am dem 23. April, an Georgi, auf die Schachten getrieben.

Almabtrieb war meistens um Micheli 29. September.

Monte Godehardi

Der Abt Godehard von Niederalteich wollte sich einmal den damals noch wilden Nordwald ansehen. Er ging auf einem Säumerweg von Niederalteich aus in den Wald. Es dürfte sich um den heute unter dem Gunthersteig bekannten Weg gehandelt haben. Dieser führte an einem Wehrturm mitten im Nordwald vorbei. Der Wehrturm war zum Schutz der Säumer und wahrscheinlich auch eine Zollstation, wie es damals viele im Bayerischen Wald gab. Das Gelände des Turmes war wahrscheinlich mit Palisaden umgeben, wo die Säumer in der Nacht vor wilden Tieren und Räuber geschützt waren. In der Nähe des Wehrturmes angekommen machte der Abt Rast, als plötzlich ein alter Ritter vorbei kam, es war der Burgherr des in der Nähe stehenden Wehrturmes. Der Abt und der Ritter unterhielten sich lange Zeit über Gott und die Welt. Der Ritter war so begeistert von dem Abt, dass er ihm sogar nach seinem Tod, den Berg und den darauf stehenden Wehrturm vererbte. Abt Godehard baute neben dem Turm eine Kirche, der Name des Berges wurde dann in die Landkarten als Monte Godehardi eingetragen und wird heute noch Gotthardtsberg und die Kirche St. Gotthardt - Kirche genannt.

Um diese Kirche und den Wehrturm siedelten sich dann Menschen an, so entstand das Dorf Kirchberg im Wald. Die Kirche musste dann aufgrund der vielen Einwohner vergrößert werden und so machte man aus dem Wehrturm den Kirchenturm.

Pfief

Ein Pfief ist, wenn der Wirt in ein Glas wenig Bier mit viel Schaum einschenkt, wenn der Schaum dann zusammengefallen ist, sind es ca. 0,2 Liter Bier. Dieser Pfief wird meistens vom Wirt ausgeschenkt, wenn dieser das Lokal schließen will, die Gäste aber noch was trinken wollen. Dann einigen sie sich auf einen Pfief.

Perlmuscheln im Bayerischen Wald

Das kalte, klare und kalkarme Wasser der Bäche des Bayerischen Waldes war früher ein idealer Lebensraum für die Flussperlmuscheln. Geschätzt wurden diese Muscheln schon im Mittelalter von den Adeligen, da sie als besonders schmackhaft und gesund galten. Die Burgherren im Bayerischen Wald hatten viele solche Bäche, wie zum Beispiel den Fahrnbach, die Schlossauer Ohe oder das Tausendbachl in ihrem Besitz. Auch in den Flüssen wie im Regen oder der Ilz waren die Flussperlmuscheln häufig anzutreffen. Diese Perlmuscheln waren aber nicht nur wegen ihrem köstlichen Fleisch gefragt, sondern natürlich auch wegen der in ihnen enthaltenen Perlen. Eine Perle in der Muschel entstand, wenn ein Fremdkörper, wie etwa ein Flusskieselstein oder Sandkorn, in das Innere der Muschel gelangte. Die Muschel überzog den Fremdkörper mit einer Permutschicht um sich vor dem Fremdkörper zu schützen. Umso länger der Fremdkörper in der Muschel war, umso größer wurde die Perlmutschicht und es bildeten sich die begehrten Perlen. Diese Perlen waren sehr gefragt bei den Adligen und wurden teuer gehandelt. Aus den Muschelinnenseiten, die ebenfalls mit Perlmutt überzogen waren, wurden Schmuck oder Knöpfe gefertigt. Dies verleitete natürlich die arme Bevölkerung die Muscheln zu suchen, da die Gewässer aber den Adligen gehörten, wurde das als Diebstahl angesehen. Die Adeligen kennzeichneten ihre Muschel führenden Bäche und Flüssen mit Hinweisschildern, auf denen die Strafen für Muscheldiebstahl standen. Ein Gesetz wurde im Mittelalter erlassen, dass es den Adeligen erlaubt, den aufgegriffenen Muscheldieb sofort ohne Gerichtsverhandlung an Ort und Stelle zu erhängen. Die Adeligen hatten eigene Perlfischer angestellt, die sich um den Bestand und das Abfischen kümmerten. Alle paar Jahre wurden die Flüsse abgegangen und die Muscheln geerntet, zuerst wurden die Muscheln aufgebrochen, um an die Perle zu gelangen, bis jemand einen Perlschlüssel erfand. Mit diesem konnte man die Muschel öffnen ohne sie zu stark zu beschädigen. Nach dem Entnehmen der Perle konnte die Muschel wieder ins Gewässer zurückgelegt werden und in ein paar Jahren wieder geerntet werden. Die Perldiebe brachen die Muscheln auf, da es schnell gehen musste, damit sie nicht entdeckt werden, und töteten die Muschel dadurch. Erst durch die Verschmutzungen der letzten 150 Jahre, verschlechterte sich das Wasser und die Muschelpopulation wurde kleiner oder verschwand komplett aus den Gewässern.

Säumer

Säumer waren fahrende Händler, die Ware dort kauften, wo sie billig war und da wieder verkauften, wo sie gebraucht wurde und ein guter Gewinn für sie heraussprang.

In den Salzminen in den Alpen wurde Salz abgebaut, so war dieses in Bayern zwar nicht gerade billig aber erschwinglich. In Böhmen gab es kein Salzvorkommen, so waren die Menschen dort auf die Säumer angewiesen, die ihnen das Salz brachten und zu überteuerten Preisen verkauften. In Böhmen wiederum wuchs das Getreide hervorragend und man konnte es billig erstehen, so kauften die Säumer von einem Teil ihres Geldes Getreide und brachten es nach Bayern. Wo sie das Getreide verkauften und einen Gewinn machten. Das alles hört sich gut an und man könnte meinen, dass jeder damals gerne Säumer gewesen wäre. Es gab nur ein großes Problem zwischen Bayern und Böhmen und das war der Nordwald, später auch Böhmerwald oder Bayerische Wald genannt. Dieses Mittelgebirge war lange ein dunkler Fleck auf der Landkarte Europas, erst nach dem ersten Jahrtausend begann man einzelne Flecken zu roden, um dort zu siedeln.

Die Säumer waren im Nordwald auf provisorischen Wegen unterwegs, die nach jedem Unwetter wieder mühsam frei geschnitten werden mussten. Da sie die Täler wegen der Überflutungen mieden, mussten sie über Pässe durch die Berge nach Böhmen gehen, dies war natürlich ein immenser Kraftaufwand für Mensch und Tier. Meistens waren die Säumer mit extra gezüchteten kleineren robusten Pferden unterwegs, die aber wahrscheinlich keine lange Lebensdauer hatten, bei diesen steinigen Wegen. Im Winter war diese Reise unmöglich, da Schnee und Eis den ganzen Nordwald bedeckten.

So gab es für die Säumer nur ein kleines Zeitfenster im Jahreskreis, wo sie diese Strecke wagen konnten. Der Nordwald war natürlich auch ein ideales Versteck für Vogelfreie und Gesetzlose, diese überfielen die Säumer, um ihnen ihr Geld und ihre Vorräte zu stehlen. Auch wilde Tiere wie Wolf und Bär waren heimisch im Nordwald und erschwerten den Säumern den Weg. Allerlei Fabelwesen wurden dem Bayerischen Wald zugeschrieben und die Menschen der damaligen Zeit glaubten fest an diese, da die Zeit noch nicht so aufgeklärt war.

So war das Säumerleben sehr hart und nicht viele rissen sich um diese Arbeit.

Erst Ende des zweiten Jahrtausends wurde der Bayerische Wald völlig erschlossen. Noch bis Anfang des 20. Jahrhunderts war der Bayerische Wald ein abgeschiedener und von Fremden gemiedener Ort.

Die vorderen Berge des Bayerischen Waldes stehen wie eine Mauer vor der Donauebene, im Herbst nebelverhangen und im Winter künden sie weiß gefroren von der eisigen Kälte, die hinter den Bergen herrschen wird. Wer noch nie im Bayerischen Wald war und ihn nur von der Donauebene aus gesehen hat, der hat sicher kein gutes Bild von dieser Gegend. Wie mag es damals den

Säumern gegangen haben, die von der Zivilisation in diese menschenfeindliche Gegend gingen um sie zu durchqueren.

Auch heute wird der Bayerische Wald als rückständige und unwirtliche Gegend gesehen, besonders von den Menschen, die in der Donauebene leben. Wer noch nie im Bayerischen Wald war, dem wird er immer fremd und unwirtlich bleiben. Wer aber den Bayerischen Wald kennen gelernt hat, wird ihn lieben und in ihm eines der schönsten Paradiese dieser Erde sehen.

Siegelstein

Früher wurde oft Unfug mit den Grenzsteinen getrieben, viele Schwindler versetzten diese, um sich ein paar Quadratmeter Wald oder Wiese zu ergaunern. Die Feldgeschworenen, die diese Grenzsteine setzten oder dann zu Hilfe gerufen wurden oder immer noch werden, mussten dann wieder alles neu vermessen lassen, um den Schwindel aufzudecken. Da dieses eine sehr mühevolle Arbeit ist und sich dann doch oft raus gestellt hat, dass der Grenzstein an der richtigen Stelle liegt und nur ein Bauer dem anderen nicht traute, wandten sie einen Trick an, wie sie sicher sein konnten, dass der Grenzstein nicht versetzt wurde. Die Feldgeschworenen haben alle unterschiedliche Siegel, dieses Siegel ritzten sie auf einen kleinen Flachen Stein ein und legten den Siegelstein unbemerkt unter den Grenzstein, als sie diesen eingruben. Keiner wusste, dass es solche Steine gibt, entdeckt wurden diese auch nicht, da wenn sie in die Erde gedrückt wurden, das Siegel mit Erde verdeckt war. Nur die Feldgeschworenen wussten von diesen Steinen und suchten danach, sie bürsteten die kleinen Steine unter dem Grenzstein ab und konnten so sehen, ob hier ein Siegelstein unter dem Grenzstein war oder nicht. War keiner mehr da, war irgendwas faul und sie ließen die Grundstücke neu vermessen. Fanden sie den Siegelstein, wussten sie, dass den Grenzstein keiner versetzt hatte. Die Siegel der Feldgeschwore-

Siegelstein

Sonnenaufgang am Großen Arber.

nen werden von der einen Generation an die nächste weiter gegeben. Die Feldgeschworenen kennen auch die Siegel der anderen Feldgeschworenen in der umliegenden Gegend. Falls sie mal in einem benachbarten Gebiet aushelfen müssen.

Skisprungschanze im Bayerischen Wald

In einem der schönsten Wandergebiete, dem Riesloch, kann man bei genauem Hinsehen eine alte Skisprungschanze entdecken.

Diese wurde am 30.01.1949 eröffnet, später sogar auf eine 60-Meter-Schanze erweitert. Bei den Sprungwettbewerben kamen bis zu 10.000 Besucher, um die internationalen Skispringer zu sehen. Mit der Zeit wurden aber die Sprungschanzen immer größer und länger, so dass die Rieslochschanze nicht mehr den Anforderungen entsprach. Ein Ausbau der Schanze war wegen des unter Naturschutz gestellten Riesloches nicht mehr möglich. Die Schanze wurde noch bis in die 80er Jahre des 20. Jahrhunderts betrieben und dann 1997 für immer stillgelegt.

Schwendtage

Als Schwendtage werden Unglückstage, an denen das Chaos herrscht, bezeichnet. Diese Tage sind schon seit tausenden Jahren bekannt. An diesen Tagen sollte man nichts Neues anfangen, keine Geschäfte abschließen, sich nicht verloben oder gar heiraten. Wer sich an diesem Tag etwas kauft, der wird mit dem Gekauften kein Glück haben oder wer an diesen Tagen das Feld sät, der wird eine schlechte Ernte erhalten. Auch werden diese Tage als verworfene Tage bezeichnet, dies bezieht sich darauf, dass sich an diesen Tagen viele Fehlgeburten ereignen. Bei den Tieren sagte man, sie haben ihre Leibesfrucht verworfen.

Diese Tage eignen sich besonders um etwas von sich zu bringen, wie zum Beispiel für eine Trennung oder Scheidung und das Jäten von Unkraut. Also alles, was man loshaben will, soll man in diesen Tagen anpacken.

Es gibt 39 Schwendtage:

Januar:	2., 3., 4., 18.
Februar:	3., 6., 8., 16.
März:	13., 14., 15., 29.
April:	19.
Mai:	3., 10., 22., 25.
Juni:	17., 30.
Juli:	19., 22., 28.
August:	1., 17., 21., 22., 29.
September:	21., 22., 23., 24., 25., 26., 27., 28.
Oktober:	3., 6., 11.
November:	12.

Stieglitze

Der Stieglitz ist eine bunte schillernde Finkenart, die besonders für seine Gesangskünste von den Waidlern geschätzt wird. Als früher das Fangen von Singvögeln noch erlaubt war, war dies einer der begehrtesten Vögel.

Der Stieglitz wurde folgendermaßen gefangen:

Da es bekannt war, dass sich dieser Vogel gern von den Samen der Disteln ernährte, wurde der Blütenkopf der Distel mit viel Leim eingestrichen. Wenn nun ein Stieglitz auf dem Blütenkopf landete, klebte dieser mit den Beinen und seinem Bauch an der Pflanze fest. Die Waidler brauchten den Vogel nur noch von der Distel zu pflücken. Der Stieglitz wurde in einen Käfig gesperrt und sollte nun die kärglichen Häuser der Waidler mit seiner Stimme erhellen.

Bastarde

Die Stieglitze konnten sich mit den Kanarienvögeln paaren und die Jungen daraus waren so genannte Bastarde. Diese Bastarde waren äußerst begehrte Vögel, deren Gesang besser war als eines Kanarienvogel oder eines Stieglitzes. Durch diese Kreuzung der unterschiedlichen Arten waren die Nachkommen selber unfruchtbar, so war der Preis für einen Bastard ziemlich hoch. Dieser hohe Preis war ein Ansporn für die Waidler, die Stieglitze zu fangen und sich so ein wenig Zubrot zu ihren kärglichen Leben zu schaffen. Das führte dazu, dass die Stieglitze kurz vor dem Aussterben im Bayerischen Wald waren.

Durch die neuen Gesetze dürfen keine Singvögel mehr gefangen werden und die Kreuzung mit Kanarienvögeln ist ebenfalls verboten. Doch am Schwarzmarkt können immer noch Bastarde gekauft werden, da es sich einige Waidler nicht nehmen lassen, diese Vögel singen zu hören.

Wetterglocken

Wetterglocken waren Kirchenglocken, die zur Abwehr von starken Gewittern dienen sollten. Diese Glocken sollten mit ihrem Klang das Unwetter abwehren, in dem sie die Wolken zerstreuen oder umlenken. Auch die Menschen sollten mit diesen Glocken gewarnt werden, dass ein Unwetter heranzieht. Diese Wetterglocken hatten meistens einen Namen wie zum Beispiel Hl. - Michael - Wetterglocke, einen Spitznamen hatten diese Glocken auch, sie wurden meistens eiserner Hund genannt. Man sagte dann oft, der Hund von der jeweiligen Ortschaft hat dieses Wetter mit seinem Bellen (Läuten) verjagt.

Laut alten Sagen sollen auch die durch die Luft fliegenden Hexen mit dieser Glocke vertrieben worden sein. Wenn die Hexen dem Glockengeläut zu nahe kamen, erlosch ihr Flugzauber und sie stürzten ab.

Wie der Bärwurz entdeckt wurde

Als die Hirten im Bayerischen Wald immer mit ihren Stieren auf den Hochweiden waren und sie hüteten, beobachteten die Hirten die Stiere. Jedes Mal, wenn ein Stier einen geblähten Bauch hatte, ging dieser zu einer bestimmten Pflanze und rupfte oder grub diese samt der Wurzel aus und aß sie. Der geblähte Bauch des Stieres war danach sehr bald verschwunden. Als nun die Hirten ebenfalls Probleme mit dem Magen hatten, gruben sie ebenfalls die Wurzel aus und kauten sie bis ihre Magenprobleme weg waren. So wurde diese Pflanze bekannt und mit der Zeit wurde die Bärwurz in Alkohol eingelegt und ein Schnaps daraus gemacht, dieser hilft ebenfalls bei Magenproblemen.

Woher stammt der Name Bärwurz?

Der Bärwurz hat nichts mit den Bären zu tun, die es früher im Bayerischen Wald gegeben hat, sondern der Name der Pflanze leitet sich von Gebärmutterwurz ab. Da die Frauen diese Wurzel kauten, wenn sie schmerzen in der Gebärmutter hatten oder kurz vor dem Gebären standen.

Wie der Hohenbogen zu seinem Namen kam?

Die Grafen von Bogen hatten eigentlich ihr Herrschaftsgebiet in der Donauebene bei Bogen. Als sie nun zu einigem Land im Bayerischen Wald kamen, errichteten sie dort Burgen, Burgställe oder nur einfache Burgfriede, um den lukrativen Salzhandel nach Böhmen zu kontrollieren und Zölle zu kassieren. So wollten sie auch auf einem Berg eine Burg errichten, diese tauften sie dann Burg Hohenbogen, weil sie im Gegensatz zu ihrem Herscherstammsitz viel höher lag. Mit der Zeit verfiel die Burg und es blieben nur noch Überreste erhalten, der Berg jedoch sollte den Namen der ehemaligen Burg weiter tragen.

Wolframslinde

Diese Linde steht in Ried bei Bad Kötzting, sie ist zwischen 800 und 1000 Jahren alt und zählt somit zu den ältesten Bäumen in Bayern. Der Baum hat einen beachtlichen Stammumfang von 16 Metern. Benannt wurde der Baum nach dem mittelalterlichen Dichter und Poeten Wolfram von Eschenbach, der um das Jahr 1200 eine Zeit auf der nahen Burg Haidstein im Dienst stand. Eines der bekanntesten Werke des Dichters war Parzival, die Suche nach dem Heiligen Gral. Der Poet soll ein Verhältnis mit einer schönen Wirtstochter aus dem Dorf gehabt haben.

Mythen aus dem Bayerischen Wald

Eingestürzte Holzschar

Wenn eine Holzschar beim Aufrichten einstürzt, glaubt man, dass bald eine Frau aus dem Hause schwanger sein wird.

Vielleicht wollte man aber auch den jungen Frauen damit Angst machen, damit sie mit Sorgfalt das Holz aufrichten.

Kümmel im Brot

Allerlei kleine mystische menschenähnliche Wesen gab es früher im Bayerischen Wald, wie Schratzl, Moosweiberl oder Zwerge. Diese liebten es, sich von den Menschen Essen zu stibitzen, um ihre Speisekarte etwas aufzubessern. Den Menschen wurde das natürlich zu dumm, wenn sie zum Beispiel das Brot zum Abkühlen draußen liegen ließen und es dann gestohlen wurde. So suchten sie ein Mittel um diese Diebstähle zu vermeiden, zufällig entdeckten sie, dass diese mystischen Wesen den Kümmel verabscheuten. So war die Lösung auf der Hand, die Menschen mischten Kümmel in den Brotteig und konnten so sicher sein, dass dieses Brot nicht gestohlen wurde.

Nikolaus in der Erdnuss

Eine Erdnuss besteht aus zwei Hälften, wenn man diese auseinander trennt, bleibt auf einer Seite der Erdnuss ein Teil stecken, der die beiden Hälften zusammen gehalten hat. Betrachtet man dieses Teil, so sieht man darin ein Gesicht. Einen Bart, ein Gesicht und eine Bischofskappe. Den Kindern kann man dann erzählen, dass dies der Heilige Nikolaus sei.

Schwangere sollten keine Leichen sehen

Laut alten Überlieferungen sollen Schwangere davon abgehalten werden, Tote zu sehen. Die Leichenblässe der Toten soll sich auf das Kind übertragen. Dieses Kind soll dann sein Lebtag so blass sein wie die Toten.

Schwarzspecht der Regenvogel

Kurz bevor es zu regnen beginnt, hört man im Hochwald des Bayerischen Waldes den Schwarzspecht rufen, deshalb wird der Vogel auch Regenvogel genannt.

Wollsackverwitterungen am Dreisessel.

Rezepte

Apfelkücherl

Zutaten:

2 Eier

500 g Äpfel

20 g Zucker

200 g Mehl

¼ Liter Weißwein (es kann aber auch Milch verwendet werden)

Das Eigelb von dem Eiweiß trennen und dann mit dem Mehl, Zucker und dem Weißwein zu einem Teig verrühren und eine kurze Zeit ruhen lassen. Das Eiweiß steif schlagen und dann unter den Teig rühren. Die Äpfel in ca. 2 cm dicke Scheiben schneiden und in den Teig tauchen. Das mit Teig bedeckte Apfelstück dann in heißem Fett knusprig backen. Vor dem Servieren kann man die Apfelkücherl noch mit Puderzucker bestreuen.

Je nach Geschmack kann man in den Teig etwas Zimt mischen.

Bärlauchpesto

Zutaten:

100 g Bärlauch

½ Teelöffel Salz

2 Esslöffel Olivenöl

Bärlauch waschen, schneiden und pürieren, Salz und Öl hinzu geben.

Wenn der Bärlauch ganz fein püriert ist, in ein Glas füllen und mit Olivenöl auffüllen bis die Masse ganz bedeckt ist.

Bärlauchfüllung für Champions

Zutaten:

1 Teelöffel Bärlauchpesto

2 Teelöffel Frischkäse

Geriebenen Käse zum Streuen

Salz, Pfeffer und Sahne

Pesto, Frischkäse und etwas Streukäse zusammen in eine Schüssel geben und mischen. Mit Salz und Pfeffer abschmecken. Damit die Füllung nicht zu trocken ist, etwas Sahne dazu geben und alles durchrühren. Bei den Champions den Stiehl am Pilzkopf abbrechen und die Füllung hinein geben, bis der Champion eben voll ist. Auf den Grill legen, so dass die Füllung oben ist.

Wenn der Champion weich gebraten ist, ist er fertig.

Böhmisches Geselchtes

Zutaten:

10 kg Fleisch (Wammerl oder Mageres) in 1 kg oder 500g Stücke zerteilt

1,5 kg sehr feines Salz

1 Knolle Knoblauch

Den Knoblauch schälen und durch eine Knoblauchpresse pressen, danach gut mit dem Salz vermischen. Das Fleisch von allen Seiten mit dem Salz – Knoblauch Gemisch einreiben und in ein Steinfass legen. Das Fleisch sollte eng aneinander liegen, so dass fast keine Lufträume entstehen. Wenn das ganze Fleisch in dem Fass ist, wird alles mit überkochtem, abgekühltem Wasser übergossen, so dass das Fleisch ca. 5 cm unter Wasser ist. Nun ein Brett ins Fass legen und mit einem Stein beschweren. 5 – 6

Wochen lang eingelegt lassen. Danach das Fleisch aus dem Fass nehmen und zum Räuchern bringen.

Brennnesselspinat

Man sammle etwa drei große Hände voll junge Brennnesseln, mit Blättern und Stielen, diese gibt man für circa eine Minute in kochendes Wasser. Dann die Brennnesseln durch den Fleischwolf drehen.

Zwiebeln in Fett anschwitzen, etwas Mehl dazu geben und die Einbrenne solange braten, bis sie goldgelb ist. Mit etwas Brühe aufgießen, die Brennnesseln dazugeben, so viel Brühe aufgießen, bis der Spinat sämig wird. Das ganze mit Salz, Pfeffer und Muskat würzen und mit Sahne verfeinern. Alles zusammen kurz aufkochen und fertig ist der Brennnesselspinat.

Brezenknödel

Zutaten:

6 Brezen

3 Eier

200 ml Milch

Salz

Die Brezen werden klein geschnitten und mit heißer Milch übergossen, danach die 3 Eier darüber geben und mit einer Prise Salz alles kräftig verkneten. Mit beiden Händen runde Knödel formen und ins kochende Salzwasser geben. Die Knödel etwa 20 Minuten darin ziehen lassen und fertig sind die Brezenknödel.

Der Teig kann je nach Geschmack mit Muskatnuss oder Petersilie verfeinert werden.

Gans

Zutaten:

5 - 6 kg schwere Gans

6 Äpfel

2 große Zwiebeln

Die Gans außen und innen waschen, dann salzen und pfeffern. Die 6 Äpfel vierteln und das Kerngehäuse entfernen, diese geviertelten Äpfel in die Gans füllen und die Gans dann zunähen. Mit der Brust nach unten in eine Reine geben, ca. 200 ml Wasser dazu geben und bei 200 Grad 1,5 Stunden braten. Die Zwiebeln schälen und vierteln, wenn die 1,5 Stunden Bratzeit um sind, dreht man die Gans auf den Rücken, verteilt die Zwiebeln in der Reine um die Gans und brät sich noch mal eine Stunde weiter.

Während des Bratens öfter mit Bratensaft bepinseln.

Am besten schmeckt dazu Blaukraut und Semmelknödel, die mit der Bratensoße übergossen werden.

Gretzte Semmelknödel

Zutaten:

1 kalter übrig gebliebener Semmelknödel

1 Ei

Salz

Butter

Semmelknödel in kleine Stücke schneiden, Butter in einer Pfanne erhitzen, den Semmelknödel dazu geben und goldbraun anbraten. Das Ei dazu geben und gleich umrühren und mit etwas Salz würzen. Knödel und Ei solange weiter braten, bis das Ei gestockt ist, dann sind die geretzten Semmelknödel fertig.

Gwischste Knödel

500 g Roggenmehl mit einer Prise Salz und etwas Wasser verrühren bis ein fester Teig daraus entsteht. Von diesem Teig dann kleine Stücke entnehmen und zu einem Knödel rollen, diese Knödel sollen einen Durchmesser von etwa 5 cm haben. Den Knödel dann für 10 Minuten in kochendes Salzwasser legen.

Jagateekonzentrat

Zutaten:	0,7 Liter Rum 56 %
	1 Liter Rotwein
	0,3 Liter Orangensaft
	1 Zimtstange
	5 Nelken
	300 g Kandiszucker

Alles zusammen in ein gut schließendes Gefäß geben und gut verrühren, einen Tag stehen lassen und fertig ist das Konzentrat.

Nun 3/4 schwarzer Tee und ¼ Jagateekonzentrat mischen und fertig ist der Jagatee.

Pilzknödel

Zutaten:

500 g frische Waldpilze
500 ml Milch
30 g Butter
8 alte harte Semmeln
2 Eier
Mehl
Petersilie

Die Semmeln in kleine Stücke schneiden und mit der heißen Milch überbrühen, dann Salz und Pfeffer dazu und die Masse durchkneten. Die Pilze klein schneiden und mit der Butter andünsten. Danach gibt man die Pilze mit den Eiern und der klein gehackten Petersilie zu den Semmeln. Alles gut durchkneten und dabei Mehl dazu geben bis ein Knödelteig entsteht. Aus dem Teig die Knödel formen und diese dann für 20 Minuten in kochendes Salzwasser legen.

Milchbrätling

Raindlfuchs

Zutaten:

300 g Mehl
4 Eier
350 ml Milch
1 Teelöffel Backpulver
Salz (nach Belieben)

Die Zutaten gut mischen und dann den Teig in ein vorgefettetes Raindl gießen, bis der Raindlboden gut bedeckt ist. Bei 180 °C in den Ofen geben, den Teig so lange backen bis er Blasen wirft und schön braun ist. (schöne Ramerl hat)

Den Raindlfuchs aus dem Ofen nehmen und in große Stücke reißen. Dazu schmeckt sehr gut Salat.

Rhabarberkompott

Frische Rhabarberstengel enthäuten und in etwa 2 cm große Würfel schneiden, die Würfel in etwas Wasser eine viertel Stunde dünsten. Nach Geschmack Zucker dazu geben und fertig ist das Rhabarberkompott.

Schafgarbenschnaps

0,7 Liter Doppelkorn
100 g Schafgarbenblüten
200 g weißer Kandiszucker

Die Blüten von den Stängeln rupfen und dann in ein verschließbares Gefäß geben.

Den Doppelkorn und den Kandiszucker dazu geben und das Gefäß verschließen.

Nun das Gebräu 4 Wochen ziehen lassen und ab und zu schütteln, danach die Blüten abseihen und den Schnaps in eine Flasche füllen. Den Schnaps noch 2 Wochen ruhen lassen und fertig ist der Schafgarbenschnaps. Gegebenenfalls kann der Schnaps danach noch mal gefiltert werden.

Schafgarbenschnaps soll Frauenleiden lindern.

Semmelknödel

Zutaten:

- 10 geschnittene Semmeln
- 300 ml Milch
- 4 Eier
- Salz

Die geschnittenen Semmeln in eine Schüssel geben und mit der heißen Milch übergießen. Die 4 Eier über die aufgeweichten Semmeln geben, eine Prise Salz dazu und alles kräftig verkneten. Dann mit beiden Händen runde Knödel formen und diese in kochendes Salzwasser geben und 20 Minuten ziehen lassen.

Zu dem Knödelteig kann man je nach belieben Petersilie oder Muskatnuss dazu geben.

Speckknödel

250 g Speck wird in einer Pfanne angeröstet und dann unter den Semmelknödelteig, wie oben beschrieben, gemischt.

Sauerteig »Ura«

Man nehme eine Tasse Mehl (Roggen - Weizen oder Dinkel) und lauwarmes Wasser. Das Mehl mit dem lauwarmen Wasser sahnig rühren. Einen Tag an einem warmen Ort stehen lassen.

Am nächsten Tag eine Tasse Mehl nachrühren und mit lauwarmen Wasser glatt rühren.

Das Gleiche am 3. Tag.

Am 4. Tag alle 4 - 5 Stunden füttern mit jeweils einer Tasse Mehl und lauwarmes Wasser, den Teig solange rühren, bis er Luftblasen bildet.

Diese Menge des Teiges reicht dann für 3 - 4 Brote je 1 kg.

Eine Prise Ausdauer und Geduld gehören ebenfalls dazu.

Sauerteig ist etwas Lebendiges und soll so behütet werden.

Sengzelten

Der Teig des Sengzeltens ist der gleiche Teig wie der Sauerteig. Diesen Teig ausrollen, so dass er eine Dicke von etwa 1 cm und einen Durchmesser von etwa 20 cm hat. Den Teig kann man in einem vorgeheizten Ofen oder über dem Grill backen. Wenn der Teig fertig gebacken ist, so etwa nach fünf Minuten, er soll noch nicht cross aber auch nicht mehr zu teigig sein, kann man den Sengzelten mit Rahm bestreichen und mit Schnittlauch bestreuen.

Man kann den Sengzelten, vor dem Backen, aber auch mit Tomatensoße bestreichen und mit Schinken und Käse bestreuen. Dies ist dann eine Waidlerpizza.

Steckerlbrot

Der Teig des Steckerlbrots ist der gleiche wie der des Sauerteigbrotes, diesen Teig ausrollen und in Streifen schneiden. Die Streifen rund rollen, so dass sie ca. 1,5 cm Durchmesser haben und 25 cm lang sind. Diese Rolle dann um einen ca. 1,5 cm dicken und 1 Meter langen Ast wickeln, so dass die Rolle das vordere Drittel des Astes umwickelt hat. Dann kann der Ast über das offene Feuer gehalten werden, wo der Teig unter ständigem Drehen gebacken wird.

Schwammerl

Heutzutage gelten die Schwammerl aus dem Bayerischen Wald als Delikatesse, das war aber nicht immer so. Wer in der Zeit der Hexenverfolgung Pilze sammelte, wurde als Hexer oder Hexe verschrien. Die Schwammerl wurden als Teufelszeug angesehen, da sie tödlich sein konnten. Als das Essen knapp war, versuchten sich viele anderweitig zu ernähren und da waren Pilze gefragt. Da aber viele nicht kannten, welche essbar und welche tödlich waren, gab es viele Pilzvergiftungen und Todesfälle.

Diejenigen, die essbare und giftige Pilze auseinander kannten, die waren automatisch mit dem Teufel im Bunde. Im 19. Jahrhundert wurden dann von den mittellosen Menschen die Pilze gesammelt und sie wurden das Fleisch der armen Leute genannt. Da die besser gestellten Menschen damals mit diesen Armen nichts zu tun haben wollten, lehnten sie diese Pilze als Nahrung ab. Erst ab der Mitte des 20. Jahrhunderts wurden die Pilze als Delikatesse entdeckt und aus dem Bayerischen Wald in die Großstädte verkauft. Viele Leute im Bayerischen Wald sammelten und sammeln diese Pilze um sie entweder selber zu verspeisen oder sie an Gasthäuser zu verkaufen. Die eingefleischten Schwammerlgeher haben ihre Schwammerlplätze im Wald, wo sie wissen, hier wachsen immer viele gute Speisepilze. Diese Schwammerlplätze werden nur vom Vater an den Sohn weiter gegeben, keiner wird sie einem Freund oder gar einem Fremden verraten. Diese Schwammerlprofis passen sogar auf, dass ihnen im Wald keiner folgt und sie gehen absichtlich Umwege um die Schwammerlspione in die Irre zu locken. So entsteht in der Schwammerlzeit ein regelrechter Wettkampf, wer die meisten Schwammerl gefunden hat, in den Wirtshäusern, an den Stammtischen, wird dann gern geprotzt, wie viel man wieder gefunden hat.

Einige Menschen haben kein Auge für die Schwammerl, sie können stundenlang im Wald umher gehen und nur ein paar Schwammerl finden, die anderen gehen am gleichen Tag später die gleiche Strecke und finden einen großen Korb voll.

Man sagt es gibt eine Schwammerlhexe, die einige Menschen blind für die Schwammerl macht und die anderen, die ihre Gunst haben, sehen die Pilze sogar unter den Blättern oder unterm Reisighaufen. Wer einen Giftpilz oder einen älteren Speisepilz achtlos umstößt, der zieht den Zorn der Hexe auf sich und dieser wird keinen großen Fund mehr machen.

Im Bayerischen Wald gibt es aber regional Unterschiede, wie die Schwammerl genannt werden, die einen sagen zum Beispiel Steinpilz „Woizerl" die andern „Stoabojserl".

Auch werden in unterschiedlichen Regionen nur bestimmte Pilze mitgenommen und andere gar nicht, in anderen Regionen ist es genau umgekehrt.

Mit der Beforstung durch den Harvester werden aber die Verbindungsnetze der Pilze sehr geschädigt und so findet man immer weniger Pilze. Durch das Gewicht dieser großen Forstmaschine werden die feinen Verbindungslinien abgedrückt und zerstört.

Milchbrätling

Der Milchbrätling wurde früher, mit der Kappe nach unten auf die Ofenplatte gelegt und dort bräunlich gebraten und verspeist.

Heute wird er in größere Stücke zerschnitten und in der Pfanne, mit etwas Fett, heraus gebraten. Dann auf den Teller gelegt und mit etwas Salz bestreut. Fertig ist das Gericht.

Der Milchbrätling kann auch roh gegessen werden, einige Schwammerlsucher bringen diesen Pilz nicht heim, da sie ihn an Ort und Stelle verspeisen. Der Pilz wächst meistens am Waldrand oder neben Waldwegen.

Schwammersuppe

Die frischen Pilze sauber waschen und putzen. (Außerhalb der Schwammersaison können auch eingefrorene Pilze verwendet werden.)

20 g Butterschmalz und eine halbe, klein geschnittene Zwiebel mit Mehl stäuben und solange anbraten bis eine helle Einbrenne entsteht. Eine Doppelhand voll Pilze dazugeben und das ganze mit Wasser auffüllen, bis die Pilze gut bedeckt sind. Zwei gelbe Rüben in Scheiben schneiden und mit klein geschnittener Petersilie (nach Geschmack) dazu geben. Das ganze mit Salz, Pfeffer und Essig abschmecken. 45 Minuten köcheln lassen. Zum Schluss mit Sahne verfeinern. Wenn nötig, kann das ganze mit einem Mehlteiglein gebunden werden.

Dazu schmecken am besten Semmelknödel.

Bei den Waidlern werden folgende Pilze für die Schwammersuppe verwendet: Maronen, Steinpilze, Birkenpilze, Rotkappen, Zigeuner und Pfifferlinge, je nach dem was gerade gefunden wird.

Die Schwammersuppe, sagte man früher, durfte nur noch einmal aufgewärmt werden, beim zweiten Mal kann es sein, dass man krank werden kann.

Die Rotkappe ist ein beliebter Speisepilz.

Lustige Geschichten

Blitz schlägt in Heinzen ein

Ein Heinzen war ein Holzgestell, wo man früher, auf der Wiese, das Heu zum trocknen aufgehangen hat, bevor man es in den Stall brachte. Eines Tages wurde ein Knecht in der Bischofsmaiser Gegend von einem Sommergewitter überrascht, so Stellte er sich untern einen mit Heu beladenen Heinzen unter. Als nun mit der Zeit das Heu so nass war, dass ihm das Wasser auf den Kopf tropfte, entschloss er sich diesen Heinzen schnell zu verlassen und im nächsten zu schauen, ob dieser auch schon so wasserdurchlässig ist. Wie er gerade beim nächsten Heinzen angekommen ist, schlägt ein Blitz in den gerade verlassenen Heinzen ein, so dass diese hellauf in Flammen steht. Da lacht der Knecht und sagt zu den Gewitterwolken hinauf: »Wie ich hinein bin, hast du gesehen, aber wie ich heraus bin, nicht mehr« und grinst weiter.

Hundeessen

In den 1960er und -70er Jahren arbeitete bei der Firma Rodenstock ein Mann, von dem bekannt war, dass er sich immer wieder mal einen Hund zum Schlachten kaufte. Hunde schlachten und essen war zu dieser Zeit schon verpönt, so verspotteten seine Arbeitskollegen den Mann als Hundeesser. Fast täglich neckten die Arbeitskollegen den Mann wegen seiner Vorliebe für das Hundefleisch. Dieser Mann hatte oft ein Geselchtes dabei, das immer sehr gut roch und schmeckte, so kam es auch öfter vor, dass ihn seine Arbeitskollegen in der Brotzeitpause fragten, ob sie ein Stück davon abhaben könnten. Eines Tages ärgerten die Arbeitskollegen den Mann so stark und verspotteten ihn als Hundeesser, bis dem Mann der Kragen platzte und zu ihnen sagte: „Warum verspottet ihr mich als Hundeesser, wisst ihr, warum mein Geselchtes so gut schmeckt?"

Die Arbeitskollegen schauten ihn alle verdutzt an und fragten ihn, was er damit meine?

Darauf erklärte er ihnen, dass er die Hunde schlachte und dann das Fleisch selche, dieses geselchte Fleisch nimmt er dann immer in die Arbeit zum Essen mit.

Von diesem Tage an verspottete den Mann kein Arbeitskollege mehr als Hundeesser, da sie ja selber immer mit gegessen hatten.

Ab diesem Tag wollten sie aber auch kein Geselchtes mehr von dem Mann probieren, obwohl er es ihnen immer mit einem Lächeln anbot.

Die Nachtruhe wird gestört

Ein Polizist wollte sich einmal entspannen und ein paar Tage alleine auf einer abgeschiedenen Almhütte im Bayerischen Wald übernachten. Da er alleine auf der Hütte war, nahm er seine Dienstpistole mit.

Als es dann Nacht wurde, saß der Mann in der Hütte und las Zeitung, plötzlich kam unvermittelt Wind auf.

Der Mann schloss alle Fenster und las seine Zeitung weiter, auf einmal klopfte es laut gegen die Hütte, der Mann rief: „Wer ist da", es antwortete aber keiner. Nach ein paar Minuten klopfte es wieder an die Hütte, der Mann rief wieder und bekam wieder keine Antwort. Dieses Spiel ging ein Zeit lang so dahin, der Polizist bekam es langsam mit der Angst zu tun, wer sollte auch an diese Hütte klopfen, die sehr weit vom nächsten Dorf entfernt lag.

Als es dann wieder klopfte, nahm er seine Dienstpistole, machte das hintere Fenster der Hütte auf und gab einen Warnschuss ab, dieses so dachte er, müsste den Klopfer vertreiben.

Aber ein paar Augenblicke später ging das Klopfen wieder los, dem Polizisten war nun angst und bange, er legte sich mit seiner Pistole ins Bett und rührte sich nicht mehr.

In der Nacht musste er dann irgendwann eingeschlafen sein, als er am nächsten Morgen erwachte, war das Klopfen vorbei. Er ging raus vor die Hütte und schaute sich um, es war aber nirgends etwas zu sehen.

Da es ihm zu unheimlich war, wollte er seinen Hüttenaufenthalt vorzeitig abbrechen, als er schon fast alles zusammen gepackt hatte, kam wieder ein Wind auf und das Klopfen begann von vorne.

Da es nun hell war, traute er sich vor die Hütte und wollte schauen, wer da klopft. Als er es sah, fing er an zu lachen und blieb die nächsten Tage weiter auf der Hütte.

Ein Ast einer Birke, die nah an der Hütte stand, hing herunter und mit jedem Windstoß wurde er an die Hütte geschlagen, dies war das in der Nacht so unheimliche Klopfen.

Neumünchnerin

Eine junge Frau aus dem Bayerischen Wald bekam in München eine Lehrstelle. Als sie nun 14 Tage in München war, bekam die Mutter einen Brief von ihr. In diesem stand auf Hochdeutsch, dass sich die Tochter in München sehr wohl fühle und sie nie mehr in den Bayerischen Wald zurückkommen würde. Ihr gefalle das moderne und turbulente München so gut, dass sie die Abgeschiedenheit des Bayerischen Waldes verabscheue. Auch den Dialekt der Waidler kann sie schon nicht mehr sprechen und sie sich somit den Waidlern kaum mehr unterhalten könnte. Sie werde nur noch das feine Hochdeutsch sprechen. Im letzten Abschnitt des Briefes war noch eine Bitte an die Mutter ihr Folgendes zu schicken: »Liebe Mutter, da ich nie mehr in den Bayerischen Wald zurückkehren werde, kannst du mir bitte meine Bettziachan schicken«.

Wahrscheinlich war ihr Hochdeutsch dann doch nicht so gut.

Einige Jahre später kam die Frau, vor lauter Heimweh aber doch wieder zurück und blieb im Woid.

De scheißn ins Haus eine

Früher war es ganz normal, dass jedes Haus die Toilette außerhalb in einem kleinen Häuschen hatte, dies war meistens nur ein Sitz aus mehreren Holzbrettern, wo ein Loch ausgesägt war. Darunter war eine Grube, in der sich die Fäkalien sammelten, diese Grube wurde einmal im Jahr ausgeräumt und mit dem Tiermist auf die Wiesen gefahren zum Düngen. Als dann Mitte des 20. Jahrhunderts im Bayerischen Wald die Toiletten mit Spülung aufkamen, richteten sich immer mehr Menschen die Toiletten ins Haus. Bei vielen Menschen stießen diese Haustoiletten aber noch auf Unverständnis. Sie konnten sich nicht vorstellen, wie diese Toiletten funktionieren sollten, so war es für einige Menschen damals unhygienisch, ihr Geschäft im Haus zu verrichten. So kam oft der Spruch auf, wenn sich jemand im Dorf eine Innentoilette richtete: „Pfui Teife, de scheißn ins Haus eine“.

Ein Toter will noch mal

Als vor vielen Jahren in der Oberbreitenau noch Menschen wohnten, ist in einem strengen Winter einmal ein alter Bauer gestorben. Der Winter war so streng, das niemand runter fahren wollte ins Tal, um den Toten zu beerdigen. Da zimmerten die Knechte einen Sarg und legten den Bauern hinein, den Sarg stellten sie in einen Schuppen, der nicht beheizt war, da der Tote dort gefroren war, stellten sie den Sarg senkrecht auf.

In diesem Schuppen waren auch die Vorräte des Hofes verwahrt. So musste eines Tages die Bäuerin in diesen Schuppen um Vorräte zu holen. Als sie die Vorräte aufheben wollte, stieß sie an den Sarg, der tote Bauer fiel aus dem Sarg und genau auf sie drauf, so dass sie flach am Boden lag und er über ihr lag. Da sagte sie zu ihm: „Du hast jetzt schon so viele Jahre nicht mehr wollen, da brauchst du jetzt auch nicht mehr.“

Ob diese Geschichte wirklich so war, kann man heute nicht mehr sagen, dass die Toten aber im Winter im Bergdorf aufbewahrt wurden, bis besseres Wetter kam und sie die Toten zum Friedhof bringen konnten, ist wirklich so gewesen.

Kreuzotterbiss

In Zwiesel wurden zwei Sanitäter zu einem Notfall mit Schlangenbiss geschickt. Als sie beim Opfer ankamen, fragten sie den Mann, was genau passiert ist. Worauf er ihnen erklärte, dass er von einer Schlange in den Arm gebissen wurde, dies aber sicher keine Giftschlange war und so nicht gefährlich sein konnte. Da aber der Arm schon anschwoll und sich leicht verfärbte, war der Verdacht auf einen Kreuzotterbiss. Dies bestritt aber das Opfer und sagte, er kann es ihnen beweisen, dass es keine Kreuzotter war, denn er hatte die Schlange fotografiert. Als die Sanitäter nun das Foto sahen, wurde ihnen ganz anders zu Mute, nicht nur, dass es sich definitiv um eine Kreuzotter handelte, sondern diese Kreuzotter war zusammengerollt in den Händen des Sohnes vom Opfer zu sehen. Der Sohn erklärte den Sanitätern, dass er die Schlange im Gebüsch gesehen und gefangen hatte. Ganz stolz zeigte er sie seinem Vater und dieser sollte ihn, mit der Schlange fotografieren. Der Vater wollte, nach dem Fotografieren, dann seinem Sohn die Schlange abnehmen und zurück ins Gebüsch tragen, wobei die Otter ihn in den Arm biss. Als die Sanitäter der Familie erklärten, dass es sich sehr wohl um die giftige Kreuzotter handelte, sagte der Sohn zu ihnen, dass er dies schon glaube, weil die Schlange ziemlich aggressiv schien und fauchte, als er sie fing. Der Vater wurde ins Krankenhaus eingeliefert, wo er sich rasch von dem Schlangenbiss erholte.

Gefrorenes Hähnchen wird zum Verhängnis

Eine Frau ging in Regen, in den 1960er Jahren, zum Einkaufen. Da sah die Frau in der Kühltheke ein ganzes gefrorenes Hähnchen, das sie kaufen wollte. Da ihr aber der Preis des Hähnchens zu teuer war, überlegte sie, wie sie es am besten stehlen konnte, ohne dass es jemand bemerkte. Da die Frau immer einen etwas höheren Hut auf hatte, steckte sie das gefrorene Hähnchen in den Hut und setzte ihn wieder auf. Die Frau stellte sich an der Kasse an um die anderen Sachen zu bezahlen. Sie hatte aber nicht mit der langen Schlange an der Kasse gerechnet, so musste sie, mit dem gefrorenen Hähnchen auf dem Kopf, länger warten als geplant. Auf einmal fiel die Frau um und blieb ohnmächtig am Boden liegen. Der Hut fiel ihr vom Kopf und das Hähnchen rollte durch das ganze Geschäft. Durch die lange Warterei an der Kasse wurde ihr das gefrorene Hähnchen zum Verhängnis, ihrem Gehirn wurde es zu kalt und die Frau fiel in Ohnmacht.

Nächste Seite: Winterlandschaft am Großen Arber.

Alte Waldlersprüche

A Schmatz fürn Mooschei.

Ein Gerede für den Mond, das soll heißen, was du mir erzählt, ist nur sinnloses Gerede.

Schlof ma, moargn fria is d´Nacht um.

Gehen wir ins Bett, morgen früh müssen wir aufstehen.

Heit is um an Rock kälter.

Heute ist es kälter, wir müssen uns eine Schicht Kleidung mehr anziehen, um nicht zu frieren. Rock bedeutet in diesem Fall eine Jacke.

Nur da Not koan Schwung lossn.

Nur der Not keinen Schwung lassen, sagt man, wenn jemand schon knapp bei Kasse ist und trotzdem das Geld zum Fenster raus schmeißt.

Man wird zfria oid und zspät gscheid.

Man wird zu früh alt und zu spät gescheit, das soll heißen, wenn man Erfahrung im Leben gesammelt hat und weiß, wie alles läuft, ist man meistens zu alt um es zu nutzen.

Wer net furt geht, kimmt a net hoam.

Wer nicht ins Leben hinaus geht und was erlebt, kann sich auch nicht freuen, wenn er mal wieder zu Hause ist.

Aus is,
dass gar is
und schod is,
dass wahr is.

Zu Ende ist es und schade ist es, dass es zu Ende ist.

Aus is,
dass wahr ist
und schod is,
dass gar is.

Zu Ende ist es, es ist wahr, aber schade ist es, dass es so ist.

Scheint Sun af an greaner Grotzen, regnst da moargn in Fotzn.

Ein greaner Grotzen ist die Spitze eines Nadelbaums. Also wenn drauf die Sonne scheint, wird es morgen regnen.

Net gschimpft ist globt gnua.

Nicht geschimpft ist genug Lob.

Den alten Bayerwaldlern fiel es immer schwer, dass sie ein Lob für gute Arbeit oder gutes Essen hergaben. Beim Schimpfen über schlechte Arbeit und schlechtes Essen waren sie aber gleich dabei, so entstand dieser Spruch.

Des (der oder die) is so oid wia da Böhmerwoid.

Der, die oder das ist so alt wie der Böhmerwald.

Das soll heißen, zum Beispiel:

Die alte Frau ist so alt, so alt wie der Böhmerwald ist, oder das Wirtshaus gibt's schon solange, solange es den Böhmerwald gibt.

Als Böhmerwald bezeichnete man früher nicht nur das Mittelgebirge auf der böhmischen Seite, sondern es wurde auch der ganze Bayerische Wald als Böhmerwald bezeichnet.

Heig´n muast, wenn Sun scheint.

Heu machen muss man, wenn die Sonne scheint.

Dieser Spruch heißt, man muss etwas verkaufen, wenn genau diese Ware gebraucht wird, man muss die Preise hoch halten, solange die Menschen Geld haben.

Bayerischer Wald dreiviertelt´s Jahr Winter, viertelt´s Jahr kalt.

Im Bayerischen Wald war es früher immer sehr kalt und der Winter dauerte sehr lange an, so sagen die Nicht - Waidler oft, dass hier neun Monate Winter und drei Monate kalt sind.

Der hört wir a Hackstock.

Wurde gesagt, wenn ein Hund nicht auf die Befehle des Herrchens hörte, dass heißt soviel, wenn man einem Hackstock einen Befehl gibt, hat es genau soviel Sinn wie bei diesem Hund.

Schlecht hörn, duad a ganz guad.

Dass sollte heißen, dass jemand schlecht hört.

Naja, so gängand de Gang.

Naja, so ist halt der Weltverlauf, man kann eh nix dagegen machen.

Des war a Buchana.

Wenn jemand sehr alt wird, obwohl er in seinem Leben sehr viel mitgemacht hatte oder viel geraucht und getrunken hatte, sagte man das über denjenigen. Das soll heißen, der war ein ganz harter Mensch, dem nicht leicht etwas anhaben konnte. Einer so hart wie Buchenholz.

D´ Weiber scheig i net und für Manna han i ebs.

Sagte eine alte Schmugglerin, zu der jemand sagte, dass sie sich in der Nacht vor Fremden in Acht nehmen sollte. Sie meinte mit dem Satz, dass sie Frauen nicht fürchtete und den Männern kann sie mit ihren Reizen den Kopf verdrehen.

Du schaust aus wia a Henn hinterm Schwoaf.

Das sagte man, wenn jemand recht blass aussah. Dieser Spruch kommt davon, wenn eine Henne krank ist, steckt sie den Kopf unter die Flügel Richtung Schweif.

Du schaust aus, wia wenn da d´Henna s´Broat davo hättn.

Das sagte man, wenn jemand recht traurig oder lustlos rum sitzt, als wie wenn ihm jemand was weggenommen hätte.

Es is so luusad draußt.

Das sagte man, wenn eine verdächtige Stille draußen war, wie etwa vor einem großen Gewitter oder wenn etwas Schlimmeres bevor stand.

Dera (dem) muasst a Henn am Bugl affe bindn, dasn da Geier darent.

Das wurde über uralte Menschen gesagt, die ziemlich zäh sind und man nicht glaubte, dass sie sobald sterben werden. Es soll heißen, dem oder der muss man eine Henne auf den Rücken binden, dass sie der Geier erschlägt, wenn er auf die Henne runter stürzt.

Geh rutsch ma an Buckl aba.

Geh rutsch mir den Rücken runter, dass sagte man, wenn einem jemand auf den Geist ging und man mit ihm nicht weiter reden wollte.

Vom Huddeln griagt ma greislige Kinder.

Wenns recht schnell gehen muss, dann wird's nichts Gescheites.

S´Holz mocht dreimoi woarm.

Das Holz macht dreimal warm, einmal im Wald beim Baumfällen und Zusammentragen, einmal zu Haus beim Holz hacken und aufrichten und einmal im Ofen, wenn es brennt.

Sengas Gott.

Sagt man wenn man was bekommen hat und sich dafür bedanken will, es heißt soviel wie „segne es dir Gott"

Helf Gott.

Sagt man, wenn jemand geniest hat, es soll soviel heißen wie Gesundheit.

Vergelts Gott.

Sagt derjenige, der geniest hat und zu dem „Helf Gott" gesagt wurde. Das soll heißen, Gott soll es demjenigen vergelten, weil er „Helf Gott" gesagt hatte.

Helf Gott dass wahr is.

Sagt man nach dem man schon „Helf Gott" gesagt hatte und nachdem der andere ein zweites Mal geniest hatte.

Schneitz da du Sau.

Sagt man wenn jemand zum dritten Mal niesen musste, er soll sich mit einem Taschentuch schnäuzen, dass dieses Geniese nicht dauernd so weiter geht.

Raunächte

Raunächte vom 24. Dezember - 06. Januar

Verworfene Nächte

Das Mondjahr hat 354 Tage, ein Sonnenjahr hat 365 Tage, somit ist das Sonnenjahr um elf Tage und zwölf Nächte länger als das Mondjahr. Diese verlorenen Tage sollten als Weihetage zum Anbeten der Götter dienen. Die 12 verworfenen oder verlorenen Nächte gehören den Dämonen und Geistern. In diesen Nächten gehen sonderbare Dinge vor sich, die aber nichts Gutes bringen sollten.

Für Geistesbeschwörer sind dies die besten Nächte, um die Toten zu befragen oder einen Geist zu beschwören, da in diesen Nächten, so sagt man, die Tore ins Totenreich offen sind.

Raunachtsgeburten

Menschen, die in den Raunächten geboren werden, sollen für das Übernatürliche sehr empfindsam sein, auch den Blick in die Zukunft sollen sie haben.

Was ist in den Raunächten zu beachten?

In den Raunächten sollte man sich die Haare nicht schneiden lassen, da man sonst im darauf folgenden Jahr mit Kopfschmerzen geplagt wird.

Keine Finger - und Zehennägel dürfen geschnitten werden, sonst fängt man sich Krankheiten an Händen und Beinen ein.

Die Türen dürfen nur sehr leise geschlossen werden, wer die Tür mit einem Knall zu schlägt, zieht im nächsten Jahr einen Blitz an.

In diesen Nächten darf kein Glückspiel gespielt werden, wie zum Beispiel mit Karten oder Würfel. Es würde böse Dämonen anlocken, die man dann nicht mehr los wird.

In den Raunächten kann man oft fremde Tiere sehen, die in den Städten und Dörfern umherschleichen. Man darf diese Tiere nicht berühren oder sie gar mit nach Hause nehmen, auch wenn sie noch so niedlich aussehen. Die bösen Geister haben in diesen Nächten freien Lauf, sie nehmen oft die Gestalt von Tieren an, nimmt man diese mit ins Haus, holt man sich das Verderben. Diese bösen Geister in Tiergestalten sind ebenfalls überliefert in vielen Hexengeschichten, wo die Hexen immer schwarze Katzen oder Krähen dabei haben. Aus diesen besessenen Tieren ziehen sie laut alten Sagen ihre magische Kraft.

Die Türen sollen nach dem Aveläuten geschlossen sein, so dass kein böser Geist ins Haus gelangt, zur Sicherheit sollte in den Raunächte die Häuser und Stallungen mit Weihrauch ausgeräuchert werden. Wenn ein Geist sich in den Raunächten im Haus festsetzt, bekommt man ihn das ganze folgende Jahr nicht mehr raus.

In den Raunächten soll es keine Streitigkeiten geben, falls doch sollte man diese bis zur letzten Raunacht wieder beendet haben, sonst wird einem der Streit das ganze folgende Jahr verfolgen.

Räuchern

In den Raunächten wurde das Haus und der Stall ausgeräuchert, um es von bösen Geistern zu befreien oder es vor ihnen zu schützen. Das Ausräuchern wurde schon in vorchristlicher Zeit betrieben, da man hier mit dem aufsteigenden Rauch zu den Göttern betet oder sie um etwas bat. Damals wurde natürlich kein Weihrauch verwendet, da es diesen bei den Germanen noch nicht gab oder sehr teuer war. Stattdessen wurden einheimische Harze getrocknet und dann auf einem glühenden Stück Kohle oder Holz verbrannt. Hier gab es extra Räucherpfannen, in denen der Rauch durchs Haus getragen wurde. Auch verschieden Kräuter wurden geräuchert, deren Rauch eine bestimmte Bedeutung zugeordnet war. Die Kräuter wurden zwischen zwölf und drei Uhr nachmittags an einem sonnigen Tag gesammelt und dann getrocknet.

Wichtig war genau dieser Zeitpunkt, den wenn die Sonne am stärksten ist, haben die Heilkräuter ihre stärkste Wirkung haben.

Wie zum Beispiel:
-Johanniskraut, sollte entspannend wirken.
-Weihrauch soll desinfizieren und segnend sein.
-Salbei soll die Konzentration fördern.
-Schafgarbe soll einen Blick in die Zukunft erlauben.
-Wacholder soll desinfizierend sein.
usw....

In der Kirche wird nur noch Weihrauch verwendet, so kam mit der Zeit das Räuchern von Kräutern ab. Auch das Räuchern in den Raunächten wird immer weniger, es wird heutzutage nur noch in der Dreikönigsnacht (Epiphanienacht) geräuchert.

Rauhnachtsumzug in Rinchnach.

D´Raunacht

De verlorenen zwoif Naacht beginnan,
wer woas wos uns bringan.
Im neia Johr an Kummer oda an Segen,
den Toad oda a neis Leben.
Vui Regel muast einhoidn,
wuisst dei Leben in de Naacht behoidn.
Weiße Wäsch derft net woschn, do wärs aus,
woscht ebban in da Familie ausn Leben raus.
Nachn Aveleitn hast nix mehr draussen verlorn,
de wuide Jagd kimmt und hot an Zorn,
de zaht de mit in Luft hinauf,
dann is sicha für di aus.
Nachtgloit wird bei uns de Jagd genannt,
unsa Heiland hats in Luft gebannt,
koa Fuß derfans auf die Erd mehr setzen,
nur no in der Luft die Schwerter wetzen.
De oidn Germanengötter soins sa,
des woas scho jeda Waidla a.
Nur in de zwoif Nacht hams freien Raum,
da kannst das bändigen kaum.
An Wuat hams auf de Christnleut,
drum passts af, es is Raunacht heit.

Raunacht is

Wenn die Hex schleicht ums Haus,
und es se muckt net amoi a Maus.
Wenn de Teife überall hocken
und nur no helfan de Kirchaglockn.

Es hilft koa Verschliassen vo den Fenster,
des bringt koan Schutz vor de Gespenster.
Nur Weihrauch hält die Geister fern,
den ham die Dämonischen net so gern.

Weihwasser muast in jed´s Zimmer spritzen,
es könnt ja no a Teife drin sitzen.
A Vaterunser soi dazua gebetet werd´n,
da kann se koa Teife mehr halten auf Erden.
Da Opa hat no de Schwarz Madonnen Kerz´n anzund´n,
jetz san de ganzn Dämonen ausn Haus verschwund´n.

Da Vollmond steht am Sternenhimmel droben,
drunter wollen de Teife mit de Hex´n toben.
De Raunächt soi´n ihre sein,
drum san se hier ganz gemein.
Geschrieben ist´s so seit tausend Jahr,
drum Leut passt´s auf es ist a wahr.
Koa Mensch soll draußen sein in der Nacht,
sonst wird er um sei Seele gebracht.

Hinter jeda Schlehenstauern,
wird wahrscheinlich a Teife lauern.
Nur da Hollerbusch is sicher,
daraus hört ma kein Gekicher.
Koa Dämon wird se in diese Staude traun,
sonst wird er von einem guten Geist verhaun.
Der Hollerbusch is der guten Geister Heim,
de bös´n müasn hier fern bleim.

Rawuggerl in Rinchnach.

Da bluadige Dammerl

A Schreckgestalt geht am Thomastog um,
de Kinda ziddan scho in da Stum.
Bluadiger Dammerl wird a genannt,
im ganzn Woidland is a bekannt.
A greisligs Gsicht und bluadverschmiert,
rumort er im Dorf ganz unscheniert.
An Topf voi Bluad hot a dabei,
wenn na jemand segt dann gibts a Geschrei.
Mit de Hend rührt er im Bluad um,
de Kinder wenn des seng da werns ganz stumm.
Sei schware rostige Kettn haut er ans Haus,
da verkriacht se jede Maus.
Oft hat er an bluadigen Sauhaxn dabei,
den steck er dann fürs Fensta nei.

Donnergott Thor hams na zerst gnannt,
bevor na unsa Herrgott hatn gebannt.
Deweng wird er a oft gnennt,
unter dem Nam den a jeda kennt,
da Dammer mitn Hamma,
mit de Menschn hat a überhaupt koa Erbarma.
Mjölnir hoaßt sei Hammerwaffe,
mit dem haut er de Leut am Kopf aufe.

Am Dammerltog bliat de Sau ganz guat aus,
man sogt da Dammerl saugt ihrs Bluat heraus.
Desweng wird da d´Weihnachtssau gschlacht
und de beste Wurst draus gmacht.
Mettenwürst solln des werdn,
mit dene preis ma nach da Christmetten unsern Herrn.

Auch in Zunkunft losst er Weiber schaun,
aber nur de wos se um zwoilfe aufsteht traun.
Ihran Zukünftigen kanns sehn,
braucht nur zum Spiegel gehn.
Hoffentlich gfoid ihr der wos da schaut raus,
net dass bekommt scho vorher an Graus.

Wegkreuz bei March.

Sagengestalten

Der Arbergeist

Dieser Geist geht im Arbergebiet um, er versucht Wanderer zu täuschen, sie vom Weg abzulocken, bis sie sich verlaufen und hilflos umher irren. Der Arbergeist gibt dem Wanderer immer mehr faszinierende Naturschönheiten zu sehen, er lockt sie immer weiter vom Weg weg, bis sie die Orientierung verlieren. So manchen hat der Arbergeist an einem nebligen Tag oder im Schneetreiben versucht in die Abgründe der Arberseewand zu locken. Besonders am Mittagsplatzl geht die Arberwand fast senkrecht zum Arbersee runter. Es gibt viele Geschichten, wo Wanderer fast den Abgrund übersehen hatten und sich gerade noch festhalten konnten, um den Sturz in den sicheren Tod zu vermeiden. Alle erzählten sie, dass sie sich verlaufen haben, obwohl sie den Arber sehr gut kannten, hat der Arbergeist sie vom Weg abgelockt und wie viele sind die Steilwand schon runter gestürzt und spurlos im Arbersee verschwunden. Bei der Stelle des Mittagsplatzls wurde vor dem Abgrund ein Kreuz aufgestellt, hier hat nun der Arbergeist keine Macht mehr und kann keine Menschen mehr über diesen Abgrund in den See stürzen.

Dem Arbergeist gehört das Gebiet um den Arber, den Gipfel darf er nicht betreten, der gehört der Arberhexe.

Die Arberhexe

Die Arberhexe ist die mächtigste Hexe im Bayerischen Wald. Sie hat das Vorrecht auf dem Arberplateau zu leben. Wehe, wenn ein Wanderer in der Nacht ihre Ruhe stört. Der ist verloren, er wird von ihr gekratzt und gebissen, bis er ganz zerschunden das Arberplateau eiligst verlassen hat. Nur der Hexe allein gehört das Arberplateau in der Nacht.

In der Walpurgisnacht, dem 30. April lädt sie die Hexen des Bayerischen Waldes zum Tanz auf dem Arber ein, hier wird dann die Hexennacht mit ausschweifenden Tänzen gefeiert.

Auch in der Allerheiligennacht, dem 31. Oktober treffen sich die Hexen, um den Sieg der Nacht über den Tag zu feiern.

Die Allerheiligennacht und die Walpurgisnacht gelten als Raunächte, hier steht das Tor zur Geisterwelt offen und die Hexen nutzen diese Tage, um mit den Geistern in Verbindung zu treten und um sie zu befragen.

Der Teufel

Im Bayerischen Wald durfte man den Teufel nicht beim Namen nennen, man glaubte, wenn man Teufel sagt, dann beschwört man ihn herbei oder er wird auf einen aufmerksam. So ließen sich die Waidler viele andere Namen für den Teufel einfallen, wie zum Beispiel: der Namenlose, der Andersell, der Gehörnte, der grüne Jäger (da er in Sagen oft als junger hübscher Jäger mit grünen Hut gesehen wurde, der die jungen Mädchen verführt), der Herndlmeier, der Goaßfüssad, der Schwarz oder der Unaussprechliche.

Der Teufel im Bayerischen Wald wird aber nur selten als böser Verführer dargestellt, sondern mehr als Bestrafer, wenn jemand gegen Gottes Gebote verstößt. Wie zum Beispiel beim Kartenspielen, an Tagen wo dieses verboten war, wie Karfreitag oder Allerheiligen. Auch wenn jemand nicht in der Kirche ist an hochheiligen Tagen, wie in der Osternacht oder Christmette. Am Fronleichnamstag treibt er sich im Wald herum, wehe ihm begegnet hier jemand, der nicht bei der Prozession teilnimmt. Wenn die Männer sich zu lange im Wirtshaus aufhalten wird er ihnen auf dem Heimweg auflauern oder er geht ins Wirtshaus, wo ihn dann alle an seinen Geißfüßen erkennen und schnellstens das Weite suchen.

Von selber bietet er keinem seine Dienste an, nur wer ihn beschwört, mit dem schließt er seinen teuflischen Pakt, wie zum Beispiel mit Hexen oder jemanden, der ein Schwarzbüchl haben möchte. In der Sterbestunde von einem, der beim Teufel in der Schuld steht, wird ein Sturm aufkommen und mit diesem Sturm reitet der Teufel und holt sich dessen versprochen Seele und wird sie mit in die Hölle nehmen. Bestimmte Orte gehören zu bestimmten Zeiten dem Teufel, kein Mensch hat an diesen Orten um diese Zeit was zu suchen. Wie zum Beispiel früher die Brechhäuser, diese durften ab Mitternacht von keinem Menschen mehr besucht werden, da hier der Teufel Herr war. Wer es trotzdem probierte, kam ganz verängstigt oder gar nicht mehr zurück. Auch die Raunächte gehören ihm, kein Mensch hat nach dem Abendläuten mehr was im Freien zu suchen. Wenn ein Tanz ist in der staaden Zeit, wird sich der Teufel unter die Tanzenden mischen und sich ein Opfer holen. Ab und zu hörte man Geschichten, wo der Teufel in der Nacht Wanderern oder Fuhrleuten auflauerte, er sagte ihnen, dass sie jetzt ihm gehören, weil die Nacht sein ist. Aber sie antworteten ihm, dass doch Maria, Josef und Jesus auch in der Nacht gegangen sind und mit diesem Satz fuhr der Teufel mit Rauch und Gestank wieder zurück in die Hölle. Die Menschen, die in der Nacht verschwunden sind, haben dem Teufel wahrscheinlich nicht mit dieser Erklärung geantwortet.

Die lange Agnes

In einigen Gegenden im Bayerischen Wald geht eine schreckliche Sagengestalt um, die die lange Agnes genannt wird.

Diese Sagengestalt geht in den Gegenden zwischen Ayrhof und Viechtach und um Furth im Wald um. Die lange Agnes soll eine dürre alte Frau mit zerzausten langen schwarzen Haaren sein. Sie wird oft an Gewässern, wie Bächen oder Flüssen gesehen. Dort wäscht sie Wäsche oder kämmt ihre Haare. Wer sie anspricht, den zieht sie ins Wasser und ertränkt ihn elendiglich. Auch erzählt man sich, dass sie Männer, die zu spät vom Wirtshaus heimgehen, auflauert und dann mit ihren Fingernägeln und ihrem Kamm blutig kratzt. Die Menschen in diesen Gegenden hatten früher viel Angst, wenn sie des Nachts über Brücken gehen mussten, weil sie glaubten, die Agnes lauert unter der Brücke und schnappt sie, wenn sie die Brücke überqueren.

Die lange Agnes soll früher, als sie noch ein menschliches Wesen war, eine sehr reiche, eitle und geizige Frau gewesen sein, die sich nur um ihr Aussehen gekümmert hat und die armen Menschen verspottete. Als sie starb, kam sie nicht ins Himmelreich, sondern musste auf der Erde umgehen, bis sie ihr altes Leben bereut.

Oft liegen neben den Bächen und Flüssen zerrissene Tiere, diese so glaubt man, sollen von der langen Agnes gefangen und getötet worden sein.

In der Nacht kann man in diesen Gegenden oft ein schreckliches Gekreische an den Gewässern hören, dies soll die lange Agnes sein, die auf ihre Opfer lauert.

Auch gibt es eine Sage, wo die lange Agnes um Semmeln bittet, wenn sie jemand sieht, diese sollen ihr auf dem Rückweg mitgebracht werden. Wer ihr keine mitnimmt, den zieht sie ins Wasser und ertränkt ihn. Wer ihr aber welche mitnimmt, den lässt sie mit einem »Vergelts Gott« passieren.

Drachen im Bayerischen Wald

Aus alten Sagen hört man oft, dass es im Bayerischen Wald früher Drachen gegeben haben soll. Einige Geschichten gibt es, wo die Drachen in Kamine geflogen sind und dann das Haus abgebrannt ist. Beschrieben werden diese Drachen mit einer Länge von zwei Metern und schlankem Körperbau. Sie fliegen und ziehen einen Schweif aus Feuer hinter sich her. Wenn diese Drachen öfter in einer Gegend am Himmel gesehen wurden, war dies ein Anzeichen, dass dieser Gegend bald ein Unheil droht, wie etwa Krieg oder eine Naturkatastrophe.

Laut der Beschreibung der Drachen waren wahrscheinlich verglühende Sternschnuppen am Himmel gemeint, die man sich damals noch nicht erklären konnte. Brach dann auch noch ein Feuer in der nächsten Zeit in der Umgebung aus, so konnte das nur ein Drache gewesen sein.

Der Durandl

Der Durandl war eine Sagengestalt, die in den Glashütten im Bayerischen Wald ihr Unwesen trieb. Laut alten Überlieferungen liebte der Durandl die Wärme der Schmelzöfen, die das ganze Jahr in den Glashütten brannten. Er war von kleiner menschenähnlicher Statur, ähnlich eines Zwerges mit roten zerzausten Haaren.

Der Durandl war eher ein spaßiger Geist, der Schabernack mit den Glashüttenarbeitern trieb, ihnen das Werkzeug versteckte, das Glas verzauberte, so dass es trüb wurde oder fertige Glaswaren umwarf und zerbrach. Er soll aber auch Mitleid mit den armen Glasbläsern im Bayerischen Wald gehabt haben und hat ihnen die Kunst zur Herstellung des farbigen Glases beigebracht, im Besonderen des roten Glases, durch das der Bayerische Wald berühmt geworden war. Ebenfalls passte der Durandl auf die Glashütte auf und warnte die Arbeiter, wenn irgendwo eine Feuergefahr war. Wenn das Dachgebälk oft krachte, da es draußen sehr kalt und in der Hütte sehr heiß war, schob man diese Geräusche auf den Durandl, der dort oben sein Unwesen trieb.

Oft brannten die Glashütten über Nacht ab, weil die Feuerhüter geschlafen haben, dann verdächtigte man den Durandl, der dieser Glashütte nicht wohl gesonnen war.

Mit dem Ende der Glashütten im Bayerischen Wald verschwand auch der Durandl und ist heutzutage zu einer eher unbekannten Sagengestalt geworden.

Aber in einigen Gegenden, wo früher Glashütten gestanden haben sollen, da kann man ihn in den Wäldern noch umher huschen sehen.

Feurige Männer

Es gibt viele alte Geschichten über diese menschengroßen Gestalten, sie sollen entweder am ganzen Körper glühen oder mit Flammen übersät sein. Einige sagen, dass nur die Augen wie Feuer glühten. Böses haben die feurigen Männer den Menschen, die sie beobachtet haben, nicht angetan, sie gelten eher als Unglücksboten, die auf ein baldiges Feuer hindeuten. So werden diese feurigen Männer oft einige Tage vor großen Feuern, wie einen Waldbrand oder wenn ein ganzes Gehöft abbrennt, gesehen. Ob sie selber den Brand legen oder uns davor warnen wollen, ist nicht genau überliefert, da gehen die Erzählungen auseinander. Die einen geben den Feuermännern die Schuld, bei anderen kam raus, dass ein Mensch angezündet hat und wahrscheinlich der Feuermann warnen wollte.

Das Feuer war für die Menschen immer schon ein Mysterium, manchmal wollte es nicht anbrennen, egal was man machte, es glimmte nur so dahin. Wiederum brannte es aber sehr schnell, ohne das Zutun eines Menschen, wie zum Beispiel wenn sich feuchtes Heu entzündet.

Das Feuer wurde fast schon als Lebewesen angesehen, es frisst alles, was ihm in den Weg kommt, es brennt stark, dann wieder schwach, wenn man zu lange ins Feuer sieht, glaubt man Gestalten oder Gesichter darin zu entdecken. Es brennt ganz unterschiedlich, züngelt und raucht, so dass man meint das Feuer spielt. Wenn das Feuer gelöscht war, brach es Stunden später wieder aus und war schlimmer als zuvor. Das Feuer war der Freund und zugleich der schlimmste Feind des Menschen.

Totenbacherlmann

In Grafenwiesen geht in bestimmten Nächten der Totenbacherlmann um, diese Gestalt ist sehr stark verstümmelt und man kann sie schon von weiten wehleidig jammern hören. Alle, die ihn je sahen, waren von seinem Anblick so schockiert, dass sie Reißaus genommen haben. Es soll ein Einwohner von Grafenwiesen gewesen sein, der bei dem Massaker der Schweden im Dreißigjährigen Krieg umgekommen ist und keine Ruhe findet.

Wenn der Totenbacherlmann gesichtet wurde, sagte man im Dorf, dass dies die Nacht sei, in dem das schreckliche Massaker stattfand. Aber auch in den Rauächten wurde er schon oft gesehen, wie er an dem Bach entlang ging.

Sagen

Der Tod und die Toten

Ansprecherin kann nicht sterben

Eine ältere Frau war bekannt dafür, dass sie bei Menschen und Tieren Krankheiten Ansprechen und damit heilen konnte. Mit diesem Ansprechen der Krankheiten waren nicht viele Menschen vertraut, so war es wichtig, dass diese Menschen vor ihrem Tod jemanden anlernten, dass diese Kunst nicht in Vergessenheit geriet. Meistens wurde sie von den Eltern an die Kinder weiter gegeben, falls sich diese aber nicht begabt zeigten, so konnte auch jemand anderer angelernt werden. Diese ältere Frau hatte nun selber keine Kinder, so musste die Frau jemanden suchen, an den sie es weiter geben konnte.

Hier war diese Frau aber ein wenig nachlässig und verschob es von einem Tag auf den anderen, sich um einen Nachfolger zu bemühen. Eines Tages wurde die Frau sehr krank und bettlägerig, das Gewissen drückte die Frau sehr, weil sie noch keinen Nachfolger gefunden hat und es jetzt vielleicht zu spät sein könnte. Die Krankheit verschlechterte sich zunehmens, bis eines Tages der Arzt den Tod der Frau in den nächsten Stunden voraussagte. Die Frau lag im Krankenhaus im Sterben, aber nicht wie der Doktor vorausgesagt hatte in ein paar Stunden, sondern ihr Dahinsiechen zog sich über 14 Tage lang. Die ältere Frau sagte immer zu den Pflegern, dass Gott sie nicht sterben lässt, weil sie sich versündigt hatte, denn sie habe es versäumt, einen Nachfolger zu finden.

Ein Gottesfrevler muss umgehen

Ein Mann frevelte und schimpfte auf Gott, da er mit seinem einfachen Leben nicht zufrieden war. Auf einmal fiel das Kreuz vom Herrgottswinkel herunter auf den Boden. Der Mann ließ vor lauter Zorn das Kreuz am Boden liegen und ging schlafen. Er wachte nie wieder auf, er ist in dieser Nacht gestorben. Da er mit Gott in Unfrieden war, als er starb, muss er heute noch als Arme Seele auf der Erde umgehen.

Enkelin fürchtet sich vor dem Geist der toten Oma

Die Großmutter war schon einige Zeit gestorben und begraben, aber die Anwesenheit ihres Geistes wurde von der ganzen Familie im Haus oft deutlich gespürt. Als sich nun die Enkelin die Haare föhnte, dachte sie, dass sie ihre Oma an ihrem Zimmer mit ihrem Gehstock vorbei gehen gehört hatte. Sie machte den Föhn aus und schon war das Geräusch des Gehstockes weg. Sie meinte, dass sie sich geirrt hatte und föhnte sich weiter die Haare, als wieder nach einer Zeit das Pochen des Gehstockes deutlich zu hören war. Da wurde der Enkelin Angst und Bange und sie sagte laut: »Oma geh endlich aus unserem Haus, du machst mir Angst«. Seit diesem Tag bemerkte kein Familienmitglied mehr etwas von dem Geist der Oma. Wahrscheinlich hatte die Großmutter eingesehen, dass ihre Zeit auf Erden nun endgültig vorbei ist und sie mit ihrem Geist alle nur ängstigte.

Frau kann nicht sterben

Zwei Schwestern hatten sich sehr heftig zerstritten, als sie beide nun alt waren, kam eine ins Krankenhaus und es war klar, dass sie bald sterben würde. Tagelang kämpfe sie mit dem Tod, konnte aber nicht gehen. Die andere Schwester wusste nichts von dem Vorfall und wachte eines Nachts um 22 Uhr auf. Sie dachte an ihre Schwester und den damals gewesenen Streit, sie beschloss ihrer Schwester zu verzeihen und betete vor dem wieder Einschlafen noch ein Vater Unser. Am nächsten Tag bekam sie die Nachricht, dass ihre Schwester um 23 Uhr, letzte Nacht gestorben sei. Konnte die Schwester solange nicht gehen, bis der Streit aus der Welt war?

Frau sieht den leibhaftigen Tod

Ein Mann kämpfte seit Monaten gegen den Krebs. Wie es nun langsam dem Ende zu ging, hatte seine Frau seit mehreren Tagen immer Alpträume und sah im Traum den leibhaftigen Tod. Sie beschrieb ihn als Knochengerippe mit schwarzem Umhang.

Als sie dann eines Tages durch die Wohnung ging, glaubte sie, dass eine schwarze Gestalt neben ihr vorbei huschte, sie tat aber diese Begebenheit als Täuschung ab.

Als sie aber dann später ins Zimmer ging, wo ihr Mann war, sah sie ihn tot da liegen. Der Tod hatte ihn geholt.

Regulator bleibt beim Tod der Mutter stehen

Eine Frau hatte in ihrer Stube eine alte Wanduhr, einen so genannten Regulator.

Eines Tages bemerkte die Frau, dass der Regulator genau um zwölf Uhr stehen geblieben ist. Die Frau zog das Uhrwerk wieder auf, weil sie gedacht hatte, dass die Uhr deshalb stehen geblieben war, da sie vergessen hatte ihn aufzuziehen. Die Uhr ging aber trotzdem nicht weiter, die Frau dachte sich nichts dabei, da die Uhr schon sehr alt war.

Kurze Zeit darauf erfuhr sie, dass an diesem Tag, an dem der Regulator stehen blieb, ihre Mutter gestorben sei. Jeder Versuch den Regulator wieder selber zum Laufen zu bringen, war sinnlos, die Zeiger wollten sich nicht mehr drehen. Da die Uhr sehr alt war und zu schade zum Wegwerfen, blieb sie aber trotzdem hängen als Dekoration.

Einige Jahre später fingen die Zeiger wie von Geisterhand bewegt wieder zu drehen an.

Kein Mensch hatte in letzter Zeit versucht diese Uhr wieder zum Laufen zu bringen, aber dennoch bewegten sich die Zeiger, als wäre nie was gewesen. Zu dem Zeitpunkt, als der Regulator wieder zu laufen begann, starb die Tochter der Frau.

Kündigten Mutter und Tochter der Frau ihren Tod mit dem Regulator an?

Schritte am Dachboden

Als eine Familie am Abend zusammensitzt, hörten alle ganz deutlich Schritte am Dachboden. Da dieser aber nicht bewohnt war, dachten sie, dass sie sich getäuscht haben. Ein paar Minuten später hörten sie die Schritte aber erneut, nun wird es dem Vater zu dumm und er geht auf den Dachboden, um zu sehen, was dort ist und diese Geräusche macht. Er kann aber nichts finden, was diese Geräusche verursacht haben könnte.

Einige Zeit später bekommt die Familie einen Anruf, dass die Großmutter gestorben ist, der Todeszeitpunkt war zu der Zeit, als sie die Schritte gehört hatten. Wollte die Großmutter die Familie noch mal besuchen und zeigte sie sich mit den Schrittlauten?

Tod der Schwiegermutter kündigt sich an

Eine Frau kam am Abend mit ihrem Mann nach Haus, als sie den Flur betraten, hörte die Frau im Obergeschoss ein Geräusch, als wenn jemand eine Holztruhe schieben würde. Da fragte sie ihren Mann: »Hast du dieses Geräusch gerade auch gehört?«, worauf ihr Mann antworte: »Ja, da zieht jemand eine hölzerne Truhe über den Boden«. Seltsam war, dass in ihrem Haus niemand wohnte als nur die beiden selber. Langsam gingen die beiden in das Obergeschoss um dieser Sache auf den Grund zu gehen. Im oberen Stockwerk angekommen konnten sie aber nichts und niemanden sehen, der solche Geräusche gemacht haben könnte.

Die beiden dachten nun, dass sie sich vorhin getäuscht hatten und gaben nicht mehr viel auf diese Sache.

Bis ein wenig später das Telefon klingelte, die Frau hob ab und erfuhr, das ihre Schwiegermutter gestorben war, der Todeszeitpunkt war identisch mit den Geräuschen im Obergeschoss. Hatte die Schwiegermutter ihren Tod angekündigt, in dem sie das Schieben des hölzernen Sarges hören ließ?

Totenbacherl bei Grafenwiesen

Durch Grafenwiesen fließt ein Bach, den viele das Totenbacherl nennen. Den Namen bekam dieser Bach im Dreißigjährigen Krieg. Die Schweden waren in den Bayerischen Wald gekommen und wüteten unter der Bevölkerung. Als sie nun Richtung Grafenwiesen marschierten, versteckte sich die Bevölkerung dieses Dörfchens im Wald, durch den auch diese Bacherl floss. Die Schweden entdecken die Menschen und richteten an ihnen in diesem Wald ein Massaker an. Die leblosen geschundenen Körper der Einwohner warfen sie in den Bach, der sich durch das Blut rot färbte und seitdem Totenbacherl genannt wird.

Heute ist das Totenbacherl immer noch dafür berüchtigt, dass es dort, wo es fließt, immer wieder weitzt.

Toter meldet sich bei der Schwester an

Eine Frau und ein Mann gingen abends zu Bett, da der Mann am nächsten Tag Urlaub hatte, schaltete er seinen Wecker aus. Plötzlich geht um halb vier Uhr morgens der Wecker los, obwohl er ausgeschaltet ist. Sie wunderten sich zwar über diesen Vorfall, dachten sich aber nichts Besonderes dabei und schliefen dann weiter. Als das Paar dann in der Früh aufgestanden war, klingelte bald das Telefon, die Mutter der Frau war dran und teilte ihr mit, dass ihr Bruder heute Nacht um halb vier gestorben ist. Die Frau bekam sofort eine Gänsehaut und dachte wieder an den ausgeschalteten Wecker, der ohne Grund geklingelt hatte, sie war sich nun sicher, dass ihr Bruder sich durch diesen Wecker angekündigt hatte.

Toter Vater meldet sich bei seiner Tochter an

Eine junge Frau musste mitten in der Nacht auf die Toilette, als sie nun ihr Geschäft verrichtet hatte und wieder auf dem Weg zurück ins Bett war, glaubte sie ihren Vater zu hören, der ihren Namen rief. Da ihr Vater weit weg wohnte, bildete sie sich ein, dass sie sich getäuscht hatte. Als sie nun weiter ging und auf der Treppe Richtung Schlafzimmer war, hörte sie wieder klar und deutlich ihren Vater ihren Namen rufen, da bekam sie es mit der Angst zu tun und lief so schnell ins Schlafzimmer, um alles ihrem Ehemann zu berichten. Der Ehemann nahm diese Sache nicht ganz ernst und sagte ihr, dass sie sich wohl getäuscht und wahrscheinlich nur das Rauschen des Windes gehört habe. So schliefen beide weiter, bis sie am nächsten Morgen durch einen Telefonanruf aus dem Schlaf gerissen wurden, am Telefon war eine Verwandte der Frau und teilte ihr mit, dass ihr Vater in der letzten Nacht verstorben sei. Nun war sich die Frau sicher, dass sie in der Nacht die Stimme des Vaters wirklich gehört hatte, wahrscheinlich wollte er sich noch mal bei ihr melden, bevor er die Erde verlassen musste.

Tote Tante meldet sich

Eine Frau hatte immer ein sehr gutes, fast mütterliches Verhältnis zu ihrer Tante. Als nun diese Tante starb, ging die Frau zur Beerdigung um Abschied von zu nehmen. Am Abend nach der Beerdigung saß die Frau zu Hause und hörte immer seltsame Geräusche auf dem Dachboden, als wenn alle Balken ächzen und krachen würden. Als sie am Dachboden nachschaute, was dies hervorrufen könnte, fand sie aber nichts. Dieses unerklärliche Krachen und Ächzen der Balken war dann, die darauf folgenden Tage, jeden Abend zu hören. Da bekam die Frau es mit der Angst zu tun und vertraute sich einer Bekannten an. Diese Bekannte glaubte, dass dies der Geist der verstorbenen Tante sei, und gab ihr den Rat, eine Messe aufschreiben zu lassen, damit der Geist Ruhe findet. Die Frau ging gleich ins Pfarrbüro und ließ für ihre verstorbene Tante eine Messe aufschreiben. Nach dem diese Messe verlesen wurde, hörte das Krachen und Ächzen der Balken auf.

Drud

Abwehrspruch gegen die Drud

„Drud, Drud, wennst druckst,
druck boid.
Zähl olle Bam in Woid,
zähl olle Sandkerndl im Bo
und dann kimmst glei dano.“

Dieser Spruch wurde vor dem Bett gehen auf gesagt, wenn man Angst hatte, die Drud könnte einen drücken, oder wenn einem die Drud schon mal besucht hatte, damit sie einen nicht mehr besucht.

Drud

Eine Frau wurde des Nachts immer wieder von einer Drud heimgesucht. Als es so oft und schlimm wurde, dass sich die Frau keinen Rat mehr wusste, fragte sie ihre Großmutter, was sie gegen diese Drud machen könnte. Ihre Großmutter sagte ihr einen Spruch, den die Frau auf einen Zettel schreiben und um den Hals hängen solle. Der Zettel soll in der Nacht auf der Brust liegen, das soll die Drud abhalten, sich auf die Brust zu setzen und die Frau zu drücken. Wie ihr geraten wurde, machte es die Frau und siehe da, die Drud kam nie wieder.

Der Spruch, der auf den Zettel geschrieben werden soll, lautet:

Weicht ihr bösen Geister,
Christ ist hier noch Meister,
Jesus komm herein.

Druddrucken

Ein Ehepaar liegt am Abend auf der Wohnzimmercouch und sieht Fernsehen. Auf einmal bekommt der Mann einen Schrecken, da mitten im Wohnzimmer eine alte, hässliche und schwarz gekleidete Frau steht. Als die alte Frau auf ihn zugeht, will er aufspringen, kann sich aber zu seiner Verwunderung nicht bewegen. Wie angewurzelt muss er es über sich ergehen lassen, wie sich die Drud auf seinen Brustkorb setzt und ihm langsam die Luft abschnürt, es kommt ihm vor als würde sie ihm die Lebensenergie aussaugen. Mit letzter Kraft stemmt er sich gegen die Drud und fällt dabei von der Couch. In diesem Augenblick erwacht der Mann aus seinem Schlaf und denkt alles geträumt zu haben, bis er sich umsieht und er seine Frau neben ihm auf dem Boden liegen sieht. Diese schaut genau so verdutz wie er und erzählt ihm, dass sie gerade einen Traum hatte, wo ein Drud ins Zimmer kam und sie gedrückt hatte. Beide waren sich mit diesem Erlebnis nicht sicher und dachten, dass sie sich wahrscheinlich gegenseitig auf der Couch berührt oder gedrückt haben und so auch denselben Traum hatten. Aber in den nächsten Tagen besuchte sie diese alte Frau wieder, mal als sie zu zweit auf der Couch oder im Bett lagen, aber auch wenn nur einer allein war. Von der Angst getrieben, vertrauten sie ihr Leid einem alten Bekannten an, der sich mit der Geisterwelt des Bayerischen Waldes auskannte, dieser riet ihnen einen Drudenstern im Haus anzubringen, dies würde die Druden abhalten. Das Ehepaar malte, als sie nach Haus kamen, gleich einen Drudenstern über die Haustür und sind seit dem verschont.

Geistersagen

Geister klopfen an alle Fenster

Ein alter Mann lag im Sterben, seine ganze Familie war bei ihm zu Haus versammelt und wartete auf die Sterbestunde. Plötzlich wurde von außen an jedes Fenster im Haus geklopft, obwohl vor keinem Fenster jemand stand, auch im Obergeschoss, wo die Fenster gar nicht zu erreichen waren, klopfte jemand an. Da sagte die alte Frau des Mannes: „Jetzt ist die Sterbestunde da, die Geister klopfen schon an die Fenster.“ In diesen Augenblick machte der alte Mann seinen letzten Atemzug.

Schritte im Zimmer

Eine junge Frau übernachtet am Wochenende immer bei ihrem Freund, aber in diesem Zimmer ist es ihr in der Nacht nicht ganz geheuer. Wenn ihr Freund schläft, hört sie immer, wie der Boden knarrt, als ob jemand durchs Zimmer gehen würde, auch wacht sie in der Nacht ab und zu auf und hört dieses gruselige Knarren. Doch jedes Mal, wenn sie dann ihren Freund auf weckt, ist es totenstill. Wenn die junge Frau im Bett liegt und versucht einzuschlafen, hat sie immer das seltsame Gefühl, als stünde jemand neben ihrem Bett und beuge sich über sie um sie zu beobachten.

Als nun die beiden beschlossen sich selber eine Wohnung zu nehmen, bekam die jüngere Schwester des Freundes das Zimmer. Eines Abends saßen die Familienangehörigen zusammen und redeten miteinander, da sagte die jüngere Schwester, ihr kommt es oft so vor, als ginge in der Nacht jemand in ihrem Zimmer auf und ab. Sie hört den Boden knarren und fühlt sich nicht wohl darin. Die Freundin des Bruders sagte darauf, dass ihr das auch schon öfter aufgefallen ist, aber ihr Freund es nicht glauben wollte.

Da fiel der älteren Schwester auch noch etwas ein, sie war vor einiger Zeit in der Nacht an dem Zimmer vorbei gegangen und hörte, wie drinnen jemand auf und ab ging.

Da fragte sie sich, was ihre Schwester um diese Uhrzeit noch machte, da sie eigentlich schlafen sollte. Sie machte die Zimmertür auf und schaute ins Zimmer, darin war es dunkel und ihre kleine Schwester lag tief schlafend im Bett. Keiner im Haus konnte sich diese Vorfälle erklären, da beschlossen sie dieses Zimmer an Heiligendreikönig mit Weihrauch auszuräuchern.

Nach Heiligendreikönig ist dieses Knarren des Bodens seltener geworden, aber ganz weg ist es noch nicht.

Irrlichter

Irrlichter am Waldesrand

Es war Anfang der 80er Jahre des 20. Jahrhunderts, als ein kleiner Junge in Drachselsried von seiner Nachbarin eine Taschenlampe geschenkt bekommen hatte. Am Vorabend vor Nikolaus, zwischen 18 und 19 Uhr, ging der Junge zu seinen Eltern in den Stall. Da sie ein wenig abseits vom Dorf wohnten, war es draußen, trotz sternenklarer Nacht sehr dunkel, da sie keine Straßenbeleuchtung hatten. Als der Junge wieder aus dem Stall kam, wollte er seine Großeltern noch besuchen, die auf der oberen Hausseite wohnten. Er leuchtete sich mit der Taschenlampe den Weg, neugierig, wie der Junge war, wollte er wissen, wie weit diese Taschenlampe strahlt und leuchtet zum etwa 100 Meter entfernten Waldrand. Auf einmal leuchteten dort zwei gelbe Lichter, wie die angestrahlten Augen eines Tieres, zurück. Aber plötzlich bewegten sich die beiden Lichter unabhängig ein paar Meter hin und her, dann mit einer Geschwindigkeit von ca. 20 km/h 100 Meter auf eine Seite und dann mit großer Geschwindigkeit 200 Meter in die andere Richtung, das alles passierte absolut lautlos. Vor lauter Schrecken lief der Junge zu seinen Großeltern.

Ende der 80er Jahre des 20. Jahrhunderts kaufte sich der herangewachsene Junge eine moderne stark leuchtende Taschenlampe. Am Vorabend zu Nikolaus ließ ihm die damals erlebte Geschichte keine Ruhe und er ging wieder vors Haus raus und leuchtete zum Waldrand. Prompt leuchteten wieder zwei gelbe Lichter, wie Augen, zurück, nun da der Junge schon mutiger war, ging er mit seiner Taschenlampe zum Waldrand, um dieser Sache auf den Grund zu gehen. 15 Meter vor dem Waldrand erlosch seine Taschenlampe, alles Ein- und Ausschalten, Rütteln half nichts, die Taschenlampe verweigerte den Dienst. Von den zwei strahlenden Augen beobachtet verlor der Junge den Mut und lief zum Haus zurück. Kurz vor dem Haus fing die Taschenlampe wieder zu leuchten an als wäre nichts gewesen. Verunsichert über das Erlebte ging der Junge wieder ins Haus zurück. Die Taschenlampe funktionierte nach diesem Vorfall einwandfrei weiter.

Welche Geisteraugen beobachteten diesen Jungen am Vorabend des Nikolaustages?

Irrlicht in Drachselsried

Ein kleiner Junge wohnte auf einem etwas abgelegenen Bauernhof in der Nähe von Drachselsried. Als der Junge abends einmal draußen war, sah er am Weg ein Licht, das sich in die Nähe des Hofes bewegte. Der Junge dachte sich anfangs nichts dabei, da ein älterer Mann, der im Dorf unten wohnte, hier oft abends mit einer Taschenlampe spazieren ging. Komisch war nur, dass dieses Licht einen kalten Schimmer hatte, wie etwa die LED - Taschenlampen heutzutage, damals gab es diese noch nicht. Als der Junge dann in die Nähe des Lichtes ging, war das Licht plötzlich verschwunden und es war auch niemand mehr zu sehen. Dieses Phänomen trat dann in den folgenden Wochen öfter auf und fiel auch den anderen Mitgliedern der Familie auf. Das Licht wandelte abends den Weg am Waldrand entlang und verschwand im Wald. Fuhr aber ein Auto zur gleichen Zeit diesen Weg, verlöschte das Licht immer ca. 100 Meter, bevor das Auto an dieser Stelle war. Nach einiger Zeit wurde es dem Jungen zu dumm und er ging abends mit einer Taschenlampe zu dem Licht und folgte ihm bis in den Wald, wo es plötzlich verlosch. Der Junge konnte niemanden sehen und rief: »Ist da jemand«, aber bekam keine Antwort und sah auch sonst keine Anzeichen, dass jemand im Wald wäre. Seit dem Tage, an dem der Junge dem Licht gefolgt war, ist es nicht mehr in Erscheinung getreten. War dies ein Irrlicht, das die Familie necken wollte?

Irrlicht wird von Schülern gesehen

In Zandt warteten an einem frühen, dunklen Herbstmorgen einige Schüler auf den Schulbus.

Als sie alle am Bushäuschen standen, kam auf einmal ein kaltweißlich glühender springender Ball auf sie zu, alle Kinder standen wie angewachsen da und verfolgten das Schauspiel. Der Ball sprang an ihnen vorbei, bog in eine Seitenstraße ein und verschwand. Die Schüler konnten sich diese Erscheinung nicht erklären, da der Ball beim Springen keinerlei Geräusche machte und so seltsam glühte.

Wenn die Nächte länger werden, treten im Bayerischen Wald vermehrt solche Lichterscheinungen auf. Manche sagen, es sind Arme Seelen, die als Lichtlein auf ihre Erlösung warten müssen. Andere sind der Meinung, dass dies Faulgase sind, die in den Herbstmonaten auftreten, da dort der Boden wärmer als die Luft ist. Das Faulgas steigt aus vermoderndem Holz auf und entzündet sich selber. Nach kurzem Verbrennen des Faulgases erlischt die Flamme und das Lichtlein verschwindet.

Solche Lichterscheinungen werden des Öfteren gesehen, auch wurden schon welche mit Tierkameras fotografiert. Hier wurde um eine bestimmte Uhrzeit der Sensor des Fotoapparates ausgelöst und zu sehen war nur ein heller runder Fleck, der einen Meter in der Luft schwebte. Ähnlich dem Licht einer Taschenlampe, wenn man von vorne angeleuchtet wird. Drei Minuten später wird der Sensor wieder ausgelöst und auf dem Bild ist ein Fuchs, der zu der Stelle des vorher erschienen Irrlichtes läuft. Wäre das vorherige Bild durch einen Menschen mit einer Taschenlampe ausgelöst worden, würde sich bestimmt der Fuchs nicht drei Minuten später der Stelle nähern.

Menschen mit übernatürlichen Fähigkeiten

Das Nachgloit jagt die Armen Seelen

Das Nachtgloit oder auch das wilde Heer genannt ist eine Ansammlung von alten Göttern mit ihren Pferden und Hunden. Diese wurden von unserem Heiland in die Lüfte gebannt, so dass sie niemals mehr einen Fuß auf die Welt stellen können. Nur in den Raunächten haben sie freien Lauf und können durch die Lüfte fliegen, wo man dann ihr wütendes Geschrei und das Gebrüll ihrer Tiere im Wind hören kann.

In den Raunächten steht laut alten Erzählungen das Tor zur Totenwelt offen, durch dieses schickt der Höllenfürst das Nachtgloit auf die Jagd. Sie sollen die Armen Seelen einfangen, die sich nicht von dieser Welt trennen können und nicht ins Jenseits gehen wollen. Viele Seelen können sich nicht vom Irdischen trennen, weil sie nicht einsehen, warum sie sterben mussten oder, weil sie noch meinen, was erledigen zu müssen. Diese Armen Seelen werden dann vom Nachtgloit gejagt, gefangen und direkt in die Hölle gebracht. Diese Seelen sind dann für alle Zeit verloren, sie hatten lange genug Zeit, um selber vom Irdischen loszulassen und sich in Gottes Obhut zu geben.

Der germanische Donnergott Donar, auch Thor genannt, soll das wilde Heer anführen, da er zu seinen Gottzeiten auch das Heer Wotans (Odins) angeführt hatte.

Frau spürt die Sterbenden

Eine junge Frau wollte ins Badezimmer gehen, da überkam sie ein seltsames Gefühl, wie wenn jemand hinter ihr nachgehen würde. Da die Frau allein daheim war, drehte sie sich erschrocken um, konnte aber niemanden sehen. Am nächsten Tag bekam die Frau die Nachricht, dass eine Tante von ihr gestorben sei, genau zu dem Zeitpunkt, als die junge Frau dieses seltsame Gefühl hatte nicht allein in der Wohnung zu sein. Einige Zeit später war die Frau im Garten draußen und streichelte eine ihrer Katzen, plötzlich sprang die Katze auf, schaute ganz verschreckt und lief weg. Die Frau hatte das Gefühl und war sich sicher, dass jemand hinter ihr stand, dessen Annäherung sie nicht bemerkte, weil sie mit der Katze spielte. Die Frau drehte sich um und wollte schauen, wer der Besucher war, aber wieder stand keiner hinter ihr. Kurze Zeit darauf bekam sie wieder eine Nachricht, dass genau zu dieser Uhrzeit eine Verwandte gestorben sei, wieder genau zu dem Zeitpunkt, wo der Vorfall im Garten war.

Wieder einige Zeit später fuhr die Frau mit ihrem älterem Bruder und ihrer Schwägerin von der Disco nach Hause, die Schwägerin bemerkte, dass die Frau ziemlich still war und die ganze Fahrt nichts sagte, dachte sich aber weiter nichts dabei und meinte dass ihr vielleicht etwas über die Leber gelaufen sei.

Ein paar Tage später hörten sie, dass in dieser Nacht ein älterer Mann gestorben war, der die Familie öfters besuchte. Da sagte die Frau, dass sie sich so was schon gedacht hatte, weil wie sie von der Disco heimgefahren sind, jemand mit im Auto gewesen ist. Die Frau spürte die Anwesenheit eines Geistes und war deshalb so still die ganze Fahrt.

Junge Frau kann nicht gehen

Eine ältere Frau aus dem Zellertal war dafür bekannt, dass sie geistersichtig war. Das bedeutet, dass ihr öfter Geistererscheinungen aller Art begegneten.

Da trug es sich zu, dass in ihrer Nähe eine junge Frau einen Autounfall hatte, bei dem sie so schwer verletzt wurde, dass sie starb. Einige Tage nach dem Unfall hatte die ältere Frau wieder eine Geistererscheinung, es war die vor kurzem verstorbene junge Frau. Die ältere Frau fragte die Verunglückte, was sie von ihr wolle, da erzählte die verunglückte Frau ihr, dass sie nicht verstehe, warum sie jetzt habe sterben müssen. Ihr Leben lag vor ihr, der berufliche und private Weg schien gut zu verlaufen, warum musste sie jetzt aus dem schönen Leben gerissen werden. Sie sagte, dass sie sich nicht von dem Irdischen trennen kann, weil sie nicht versteht, warum sie sterben müssen hat. Diese Geistererscheinung trat die nächsten Tage öfter auf, wobei die junge Frau immer das Leid über ihren frühen Tod schilderte.

Aus Mitleid für die junge verstorbene Frau ließ die ältere Frau ihr eine Messe aufschreiben. Sie hoffte, dass Gott der Verstorbenen Trost spendete, um endlich von ihrem irdischen Leben zu lassen.

Nachdem die Messe verlesen wurde, bekam die ältere Frau keinen Besuch mehr von dieser Geistererscheinung. Wahrscheinlich hat die getötete Frau ihren Frieden und ihre Ruhe gefunden.

Natur und Landschaftssagen

Der Rachelsee

Der Rachel ist mit seinen 1453 Metern der zweithöchste Berg im Bayerischen Wald, unweit des Gipfels ist ein See, der so genannte Rachelsee. Dieser See war von den Waidlern verrufen und keiner ging gern an diesen Ort. Durch sein saures Wasser gibt es im See keine Fische, dies konnten sich aber unsere Vorfahren nicht erklären und so dachten sie, dass kein lebendes Wesen in diesem See schwimmen dürfe. Der See hat eine bräunlich schwarze Färbung des Wassers, darum dachten die Menschen damals, dass der See eine direkte Verbindung zur Hölle ist. Wer im See badet, ist verloren, der wird von Wassernixen in die Tiefe gezogen und muss elendig ertrinken. Wer einen Stein in den See wirft, beschwört den Zorn des Sees herauf und der See wird über seine Ufer treten und das Land unterhalb des Rachels überschwemmen. Auch wurden laut alten Sagen viele böse Geister in den See gebannt, wenn es früher in einem Haus weitze, kam ein Priester und bannte den verantwortlichen Geist in den Rachelsee. Wenn man sich in der Nacht in die Nähe des Rachelsees wagt, kann man diese Armen Seelen über ihr Schicksal jammern hören, da sie bis zum Jüngsten Gericht in den See gebannt wurden.

Der schlimmste Geist, der in den See gebannt wurde, war der von der Gräfin Wecklin von Rammelsberg. Diese Gräfin war zu Lebzeiten eine böse, missgünstige Frau, die ihren Untergebenen das Leben zur Hölle machte. Als sie nun eines Tages starb, begann es in ihrem Anwesen zu weitzen, die Menschen wussten sofort, dass dies nur der Geist der so verhassten Gräfin sei. Da sie für ihr menschenverachtendes Leben keine Ruhe im Tod fand. So wurde ein Geistlicher beauftragt, den Spukgeist der Gräfin auf alle Zeit in den Rachelsee zu bannen. Ihr Geist darf das Wasser erst nach dem Abendläuten verlassen, wehe dem Wanderer, den sie in der Nacht erwischt.

Laut einer anderen Sage, soll die Gräfin Wecklin mutwillig ihr Kind getötet haben, so dass sie nach dem Tod in glühenden Schuhen des Nachts durch die Lusenwälder wandeln muss. Viele haben schon die glutroten Schuhe des Nachts, von weiten durch die Wälder laufen sehen.

Der Teufel holt den Erhängten

Früher sagte man, wenn ein starker Wind aufkam, dass sich jemand erhängt hatte.

Da der Mensch Selbstmord begangen hatte, war seine Seele verloren. Der Teufel holte sie sich und sauste durch die Luft, wobei er einen starken Wind oder sogar einen Sturm entfachte.

Der Strick eines Erhängten war früher sehr begehrt als Zaubermittel. Es sollen magische Kräfte von diesem Strick ausgehen, mit dem man allerlei Unheil über andere Menschen bringen könnte.

Auch der Ort, an dem sich jemand erhängt hatte oder wo die früheren Galgenplätze, heute meist Galgenberg genannt, war verrufen. Hier sollen die Seelen der Erhängten noch ihr Unwesen treiben und die Menschen anweizen.

Rachelkapelle mit darunter liegenden Rachelsee.

Die Entstehung von Geiersthal

Einige Männer wollten um das Jahr 1200 eine Kirche bauen, als sie zum Arbeiten begannen, stürzten Geier aus dem Himmel auf sie herab und griffen sich die Werkzeuge der Männer, schleppten sie hoch in den Himmel und flogen damit auf eine nahe Lichtung. Dort ließen die Geier das Werkzeug fallen und flogen davon. Die Männer verfolgten die Geier und holten ihr Werkzeug zurück, um an der Stelle, wo sie angefangen hatten, weiter zu bauen. Kaum hatten sie zu arbeiten begonnen, kamen die Geier wieder im Sturzflug auf die Männer zu und schnappten sich abermals das Werkzeug. Genau wie kurz zuvor flogen sie zu der Lichtung und ließen es dort wieder fallen. Den Männern wurde diese Sache unheimlich und sie glaubten an eine Vorsehung, dass Gott ihnen diese Geier geschickt hatte, weil sie an einem falschen Ort sein Gotteshaus errichten wollten. So beschlossen die Männer, das Gotteshaus auf der Stelle zu bauen, wo die Geier das Werkzeug fallen gelassen hatten. Als sie an dieser Stelle zu arbeiten begannen, beobachteten sie den Himmel ganz genau, aber kein Geier war mehr zu sehen, so konnten sie die Kirche ungestört zu Ende bauen. Da einige Menschen damals dann der Meinung waren, dass dies ein von Gott gesegneter Ort war, siedelten sie sich um diese Kirche an, so entstand ein Dorf, das den passenden Namen Geiersthal erhielt.

Dösingerried

Bei Dösingerried soll es in früheren Zeiten einmal eine schreckliche Schlacht gegeben haben, bei der viele Menschen ihr Leben verloren haben, die Erde bei Dösingerried soll heute noch rötlich eingefärbt sein, vom Blut der Toten.

Dort, wo sich dieses Gemetzel abgespielt haben soll, ist die Erde verflucht, es soll darauf die Vegetation nur sehr schlecht oder verkrüppelt wachsen.

Die Urheber dieser Schlacht müssen heute noch an dieser Stelle umgehen, da sie keine Ruhe finden. Wenn man an dieser Stelle spät abends vorbei geht, hört man immer noch das Schlachtgetöse und das Jammern der ruhelosen Feldherren.

Ob in Dösingerried wirklich eine Schlacht gewesen ist, ist nicht mehr zu belegen, dass aber die Grafen von Bogen Ende des zwölften und Anfang der dreizehnten Jahrhunderts in den Bayerischen Wald einfielen, um ihn zu erobern, ist erwiesen. Es wurden viele Schlachten an längst vergessenen Orten geschlagen, dort standen einst mächtige Burgen, von denen heute nichts mehr bekannt ist. Diese Burgen wurden bis auf die Grundmauer geschliffen und die Natur erledigte dann den Rest, dass von den Burgen heute nichts mehr übrig ist.

Diese Bayerwaldburgen dienten damals schon zum Schutz der Säumer, die nach Böhmen ziehen wollten, da es bei diesen Burgen natürlich um Zoll ging, zerstörten die Grafen von Bogen diese Burgen und bauten ihre Festungen an anderer Stelle, um ihrerseits Zoll zu verlangen.

Drei Kreuze an der Bettstatt

Früher machte man, wenn man die Kinder ins Bett brachte, immer mit dem Finger drei Kreuze an die Bettstatt. Diese sollten die Drud abhalten, die Kinder an den Füßen zu packen.

Früher war man auch der Meinung, dass die Druden die kleinen Kindern holen und sie gegen ihre eigenen Kinder, so genannte Wechselbälger austauschten. Als Wechselbälger wurden Kinder von Hexen und Druden bezeichnet, die sie mit Dämonen oder gar mit dem Teufel selbst gezeugt hatten.

Dreisessel

Einst waren drei Prinzen auf der Suche nach Land für ihre zukünftigen Königreiche, als sie nun am Dreisesselberg standen, gefiel ihnen das Land ringsum so gut, dass sie beschlossen hier ihre Königreiche aufzuteilen. Einer nahm das Land zu seiner Linken und nannte es Böhmen, der andere das Land zu seiner Rechten und nannte es Bayern und der dritte nahm das Land das vor ihnen lag und nannte es Österreich.

Auf einer Steinformation am Dreisessel ließen sich die drei Prinzen drei Throne in den Fels schlagen, wo sie sich zu Beratungen treffen konnten.

Ein kleines Stück vom Dreisesselberg entfernt ist das so genannte Dreiländereck, wo sich an einem Punkt die Grenzen der Länder Deutschland (Bayern), Tschechien (Böhmen) und Österreich begegnen.

Die Throne am Dreisesselberg sollen aus vorchristlicher Zeit stammen, hier wurden keltische Zeremonien veranstaltet, wo in den Stein gehauenen Sitzen drei Jungfrauen (Priesterinnen) saßen, als Vertreterinnen der drei Göttinnen der Kelten. Als nun das Christentum im Bayerischen Wald Einzug nahm, wurden diese Göttinnen vergessen. Nur die Sage ging noch um, dass drei Jungfrauen auf diesem Berg warteten, bis der alte Glaube wieder zurückkam. Dies passte aber den Geistlichen nicht und so sprachen sie einen Bann über die drei Jungfrauen aus, sie sollten bis an den Jüngsten Tag in den Plöckensteinsee gebannt werden. Nur an bestimmten Nächten dürfen sie zurück an den Dreisesselberg, dort hört man sie dann wehklagen über ihr Schicksal.

Monsterwaller im Regener Stausee

Im Regener Stausee soll ein Waller (Wels) sein, der eine Länge von weit über zwei Metern hat. Schon einige Angler berichteten, dass sie den Waller an der Angel hatten, dieser sich aber immer mit Leichtigkeit losgerissen hatte. Ernähren soll sich der Waller von anderen Fischen, Enten, die er sich von der Wasseroberfläche fängt und auch kleine Hunde, die im Wasser schwimmen, sollen auf seiner Speisekarte stehen. Also aufgepasst, wer im Regener Stausee seinem Hund einen Stock ins Wasser wirft. Es kann sein, dass der Hund nicht mehr zurückkommt.

Moosweiblein

Die Moosweiblein sind kleine zwergenähnliche Gestalten, die man früher im Wald antraf. Ihre Kleidung war aus Moos und der Rinde der Bäume. Laut alten Erzählungen sind sie fast immer weiblich, weswegen sie den Namen Moosweiblein bekommen haben.

Ganz anders als ihre Verwandten, die Schrazeln meiden sie die Gegenwart der Menschen, oft sind sie ihnen sogar böswillig gesonnen. Aber meistens nur denen, die achtlos mit dem Wald umgehen, deshalb gelten sie auch als Schützer des Waldes. Wer in seiner Raffgier zu viele Bäume umsägt, als es der Wald verkraften kann, dem kann es passieren, dass der Baum beim Umfallen so fällt, dass er ihn verletzt oder erschlägt.

Oft gibt es Bäume, die durch den Wind beim Wachsen verdreht werden und so beim Umschneiden unberechenbar sind, fällt nun so ein Baum anders als geplant.

Auch waren oft Gipfel angebrochen, die erst beim Umschneiden zu Boden fielen und den Holzarbeiter erschlagen haben.

Für solche damals unerklärlichen Unfälle gab man den Moosweiblein die Schuld, die die Menschen in ihrem Wald nicht duldeten.

Es gab aber auch Vorfälle, wo die Moosweiblein den Menschen aus tiefster Not geholfen haben. Sie haben Menschen durch einen Pfiff oder Schrei gewarnt, wenn ein Baum in ihre Nähe fiel, oder Kindern den richtigen Weg gezeigt, wenn sie sich verlaufen haben.

Angeblich halten sich die Moosweiblein Waldhummeln und genießen den Honig, den die Hummeln sammeln.

Natternberg

Der Natternberg ist einer der vordersten Erhebungen des Bayerischen Waldes, ohne einen Bergnachbarn steht er in der Donauebene und kündet von der Hügellandschaft des Bayerischen Waldes. Über diesen Berg gibt es zwei Sagen:

1. Der Teufel wollte die Donau aufstauen, dass die Menschen ersaufen sollten. So schaufelte der Teufel seinen Schubkarren voll Erde und Steine und rollte ihn zur Donau hin. Wie er kurz vor der Donau war, läuteten die Glocken des frisch gegründeten Klosters Metten zur Andacht, da erschrak der Teufel und ließ vor lauter Schrecken den Schubkarren umfallen. Vor lauter Zorn nahm er den leeren Schubkarren und verschwand wutentbrannt in die Hölle. Der Berg, der beim Umfallen des Schubkarrens entstanden ist, sieht heute noch so aus, als hätte jemand einen riesigen Schubkarren voll Felsen in die Donauebene geschüttet.

2. Dieser Berg war früher der Wohnort einer Schlangengöttin, dies war eine große Schlange mit einer Krone auf dem Haupt, die dort oben in einer Höhle ihren Schatz bewachte.

Seit jeher gibt es auf diesem Berg viele Schlangen zu beobachten, als nun die ersten Siedler in diese Gegend kamen, wurde der Berg Natterberg getauft.

Die Hänge des Berges sind ideal für die Schlangen, sie liegen dort und baden in der Sonne, gestört von keinen Menschen, da sehr selten jemand die steilen Hänge besteigt.

Verführerische Nixen am Rachelsee

Am Rachelsee soll man am Abend Nixen am Ufer sehen, aber wer ihnen zu nahe kommt, ist verloren. Diese anmutig aussehenden Nixen versuchen die nächtlichen Wanderer mit allerlei Versprechungen an die Ufer des Sees zu locken oder sogar mit ihnen zu baden. Wer den Nixen verfällt und zu ihnen geht, den werden sie packen und in den tiefen schwarzen Rachelsee ziehen, bis er elendig ertrinkt.

Manche erzählen, die Nixen seien verbannte böse Weiber, die im Rachelsee bleiben müssen bis zum Jüngsten Gericht. Durch die Schmach ihrer Verbannung wollen sich die Nixen an den Menschen rächen, die sie erwischen können.

Andere erzählen, da der Rachelsee eine Verbindung zur Hölle ist, sind die Nixen Teufelinnen, die des Nachts an die Ufer des Rachelsees aufsteigen, um dort Ausschau nach Seelen für ihren Meister zu halten. Mit allen Mitteln versuchen sie dann die vorbeigehenden Menschen ins Wasser zu bekommen.

Wenn früher ein ertrunkenes Tier im Rachelsee getrieben ist, so schrieb man dieses auch diesen Nixen zu, die das Tier packten und ertränkten.

Spukhaus im Bayerischen Wald

Geisterhaus

Ein alter Mann war gestorben, da seine Tochter nicht mehr im Bayerischen Wald lebte, sondern in eine große Stadt gezogen war, kümmerten sich nahe Verwandte um die Beerdigung. Um den alten Mann noch schön anzuziehen für seine letzte Reise, suchten sie in seinem Haus nach seinen guten Anziehsachen. Sie fanden aber im ganzen Haus nichts, sie stellten alles auf den Kopf, aber alle Anzüge waren spurlos verschwunden.

Nach der Beerdigung ging die Tochter ins Haus ihres Vaters und schaute in die Schränke, dort waren alle Anzüge und alle schönen Kleidungsstücke, die ihr Vater hatte. Sie konnte nicht verstehen, dass diese von den anderen Angehörigen nicht gefunden wurden. Jetzt war es zu spät und so fasste sie den Gedanken, diese guten Sachen einem Bekannten zu schenken, der etwa die gleiche Größe hatte. Sie brachte dem Bekannten diese Kleidungsstücke, der sie auch freudig annahm, er legte sie in sein Schlafzimmer auf sein Bett und ging wieder zu der Frau zurück, um ihr einen Kaffee anzubieten. Nachdem die Frau den Kaffee getrunken hatte und sich auf den Heimweg gemacht hat, wollte der Mann seine neue Kleidung begutachten. Er ging hoch ins Schlafzimmer, dort angekommen, sprang auf einmal das verriegelte Fenster auf und ein warmer Wind wehte in Richtung des Bettes, wo die Kleidung lag. Obwohl draußen ein eisiger Wintertag war, spürte er den warmen Wind, der ins Zimmer kam. Dem Mann war nicht mehr wohl bei diesen merkwürdigen Sachen und er warf diese Kleidung weg.

Jemand im Haus?

Das Haus des alten Mannes war nachher unbewohnt, nur ab und zu kam die Tochter und wohnte in dem Haus, wenn sie ihre Verwandten besuchte oder im Haus mit ihren alten Freunden feierte. Jedes Mal wenn sie dann wieder zurück in die Großstadt fuhr, schaltete sie die Sicherungen für den Strom aus und drehte die Wasserzuleitung zu. Wenn die Tochter dann wieder mal im Haus war, war immer noch alles abgeschaltet, aber die Zähler mussten währenddessen weiter gelaufen sein, da der Zählerstand fortgeschritten war. Die Frau glaubte, dass jemand ins Haus einbricht und dort seine Wäsche waschen würde. Da kam eines Tages der Frau die Idee, den Deckel der Waschmaschine abzuschrauben, so war sicher gestellt, dass diese nicht mehr betrieben werden konnte. So fuhr sie mit dem Deckel der Waschmaschine weg, als sie Wochen später wieder kam, schaute sie in die Waschmaschine und traute ihren Augen nicht, in der Waschtrommel lag die unbenutzte Bettwäsche ihres toten Vaters. War der Geist des Vaters immer noch im Haus?

Schritte im Haus

Die Tochter wollte einige Zeit nach dem Tod des Vaters im Haus einige Stromleitungen zusätzlich verlegen lassen. Sie bat einen befreundeten Elektriker um Hilfe, der auch gleich am nächsten Tag kam und mit der Arbeit begann. Die Tochter des Elektrikers wollte auch mit kommen, da sie die Frau kannte und gerne mit ihr spielen wollte. So spielten die Tochter und die Hausbesitzerin im Nachbarhaus, während der Elektriker die neuen Leitungen verlegte. Da plagte den Elektriker ein dringendes Bedürfnis und er ging zur Toilette. Als er da nun so saß, hörte er deutlich die Schritte von jemanden, der die Treppe rauf kam, den Gang entlang, vorbei an der Toilette und in ein angrenzendes Zimmer ging. Da dachte sich der Elektriker, dass seiner Tochter langweilig wurde und sie nun mit der Hausbesitzerin zurück ins Haus kamen und ihn suchten. Plötzlich hörte er die Schritte wieder zurückkommen und dachte sich, dass er sich jetzt einen Spaß machte und die beiden erschreckten würde, wenn sie an der Toilette vorbei gehen. Als er nun die Schritte am Gang direkt vor der Toilette hörte, riss er schnell die Tür auf und wollte gerade losbrüllen, doch ihm stockte die Stimme, als er sah, dass er ganz allein dort stand und niemand zu sehen war. Der Elektriker ging verstört aus dem Haus in Richtung des Nachbarhauses, dort angekommen, fragte er seine Tochter und die Hausbesitzerin, ob sie nicht gerade drüben im Haus waren, da er ganz deutlich Schritte gehört hatte. Beide verneinten aber. Gemeinsam suchten sie das Haus ab, ob nicht doch noch jemand im Haus wäre, aber kein Mensch war zu sehen.

Feuerzeug verschwindet

In dem gleichen Haus fand, nachdem das Haus renoviert worden war, eine kleine Feier statt, der Mann spielt immer mit seinem Feuerzeug, was die Frau ziemlich nervt. Sie nimmt ihm das Feuerzeug weg und legt es im Flur des Hauses auf ein Regal. Als nun das Ehepaar nach Haus geht, ist das Feuerzeug auf dem Regal verschwunden, alles Suchen hilft nichts, es ist weg. Als das Ehepaar dann zu Haus ankam, gingen sie durch die Haustüre rein und das Erste, was sie sahen, war das Feuerzeug, das nun bei ihnen im Flur auf einem Regal lag. Keiner konnte sich diesen Vorfall erklären.

Nach diesem Vorfall räucherte die Hausbesitzerin das Haus an Heiligendreikönig mit Weihrauch aus und seitdem ist Ruhe eingekehrt.

Spukorte

Der Teufel im Sattelbrunnen

In Arnbruck in der Nähe des Mühlriegels ist der Sattelbrunnen, dieser Brunnen ist so ähnlich einer Höhle, in die sich aber fast kein Mensch traut. Am Kranzltag soll dort zum Zeitpunkt der Wandlung der Teufel auf einer Kiste voll mit Gold sitzen, wer den Mut hat diese Kiste zu berühren, der darf sie behalten. In den 1930er Jahren ist ein Man am Kranzltag zum Sattelbrunnen gegangen. Bevor er in diese Höhle ging, hatte er tiefschwarzes Haar. Als er kurze Zeit später wieder aus der Höhle kam, war er komplett ergraut. Als ihn die Leute fragten, was dort passiert sei, redete er kein Wort über diesen Vorfall. Er nahm das Geheimnis mit in den Tod.

Sattelbrunnen

Discothek im Bayerwald

In dieser Disco soll es geweitzt haben und immer noch weizen.

Wenn früh am Morgen nach dem die Musik verstummt war und geputzt wurde oder vor dem Betrieb alles hergerichtet wurde, soll man am Dachboden Schritte oder Kugeln rollen gehört haben.

Heutzutage soll man im Inneren der ehemaligen Disco immer ein rotes Lichtlein schweben sehen.

Wie es zu dieser Weizerei gekommen ist, gibt es mehrere Versionen:

1. Das Haus war früher ein ganz normales Wohnhaus, in diesem Haus wohnte ein junges Mädchen, das plötzlich einen unerklärlichen Tod gestorben war. Die traurigen Eltern ließen das Kind beerdigen. Als sie nach der Beerdigung zurück ins Haus kamen, trauten sie ihren Augen nicht, das Mädchen saß im Schaukelstuhl. Nach ein paar Augenblicken war das Mädchen aber wieder wie in Luft aufgelöst. Seit dieser Zeit spukt dieses Mädchen in diesem Haus. Oft hört man den Schaukelstuhl auf dem Dachboden knarren, wie wenn jemand drin sitzen und schaukeln würde.

2. Ein junges Mädchen wurde ermordet und in den Mauern oder dem Fundament eingemauert, es spukt so lange, bis ihr Leichnam entdeckt wird und sie in geweihter Erde begraben wird.

3. Ein behindertes Mädchen, das in diesem Haus wohnte, starb und wurde beerdigt. Mit der Zeit kamen Gerüchte auf, dass es sich hier vielleicht um einen Mord gehandelt hatte. So ließen die Gendarmen das Mädchen wieder ausgraben, um der Sache auf den Grund zu gehen. Als sie den Sarg öffneten, waren nur Steine drin, von dem toten Mädchen keine Spur. Seit dem spukt es in diesem Haus.

Bei der ehemaligen Disco führt eine Brücke über einen Bach, wenn man in der Nacht über diese Brücke fährt, dann sollen alle Lichter vom Auto ausgehen und das Auto stehen bleiben. Erst nach einiger Zeit kann man den Motor wieder anlassen.

Frauenbrünnl

Als der Mönch Gunther um die erste Jahrtausendwende vom Kloster Niederalteich ausgesandt wurde, um den Nordwald urbar zu machen, baute er seine erste Klause in der Nähe des heutigen Dorfes Rinchnach auf einen Berg. Auf diesem Berg steht heute das Kirchlein Frauenbrünnl. In der Nähe dieses Kirchleins ist ein Stein, in dem die Abdrücke einen schlafenden Menschen zu sehen sind. Laut einer alten Legende war dies der Schlafplatz,

des später heilig gesprochenen Mönches Gunther. Da Gunther ein sehr fleißiger Mann war, sah dies der liebe Gott mit Wohlgefallen und weichte den Stein auf, so dass der Mönch Gunther ein weiches Bett hatte. Diese Abdrücke des Heiligen Gunther, die er in dem Stein hinterlassen hatte, kann man heute noch sehen.

Bei dem Kirchlein Frauenbrünnl ist ein kleiner Brunnen, dieses Wasser soll vor Augenleiden bewahren oder sogar bewirken, dass man wieder besser sieht. Durch diesen Brunnen und die Sage, dass an dieser Stelle die erste Klause des Heiligen Gunther war, wurde dieses Kirchlein bald ein beliebter Wallfahrtsort.

Laut älteren Sagen soll aber dieser Brunnen schon in keltisch/germanischer Zeit als Heilbrunnen gegolten haben und verehrt worden sein.

Fußabdruck im Stein

Der Herrgottstritt ist eine Vertiefung in einem Stein, der Ähnlichkeit mit einem Fußabdruck hat. Als die Menschen diese Vertiefung sahen, entstand die Sage, dass der Herrgott an diesem Ort war und seinen Fußabdruck in diesem Stein hinterlassen hatte, um den Menschen zu zeigen, dass er hier war. Wer nun das Wasser, das sich in diesem Stein angesammelt hat, trinkt, soll heilende Wirkung erfahren.

Andere Sagen über den Stein erzählen, dass hier die Gottesmutter Maria einen Fußabdruck hinterlassen hat, als sie vom Teufel verfolgt wurde.

Der Stein befindet sich beim Hanslkreuz zwischen Lindberg und Ludwigsthal.

Entstehung des Hanslkreuzes:

Als Mitte des 19. Jahrhunderts dort im Wald ein Mann arbeitete, plagte ihn plötzlich eine Atemnot. Diese war so schlimm, dass er glaubte ersticken zu müssen. Er sah das sich in der Vertiefung eines Steines Wasser angesammelt hatte, dieses trank er, in der Hoffnung auf Besserung. Gleich nach dem Trinken wurde der Mann von der Atemnot geheilt und aus Dankbarkeit, errichtete er auf dem Stein ein Kreuz. Das nach ihm benannte Hanskreuz. Auf einem Schild unterhalb des Kreuzes steht ein Spruch:

„Trinke aus dem Herrgottstritt,
dann bleibst du immer gesund und frisch."

Hanslkreuz bei Lindberg

Schatz auf dem Hohenbogen

Unter dem Burgstall soll ein Schatz vergraben sein, dieser wird durch einen Feuerspeienden Drachen bewacht. Der Schatz kann nur alle 100 Jahre an einen bestimmten Tag von einem gottgläubigen Sonntagskind geborgen werden. Eine holde Jungfrau wurde ebenfalls mit dem Schatz in diesen Berg gebannt, diese Jungfrau erscheint dem Sonntagskind und weist es auf die passende Gelegenheit hin. Aber nur wenn der Auserwählte an seinem Glauben festhält und ohne Angst in dieser Nacht zum Burgstall geht, gehört ihm der Schatz und die Jungfrau ist erlöst. Viele wurden schon erwählt, aber keiner hat es geschafft, seine Angst zu überwinden und bis auf den Burgstall zu gelangen. Auf dem Weg zum Burgstall erschienen ihnen die übelsten Teufeleien, die viele abschreckten und zum Umdrehen drängten. Wer es aber bis kurz vor dem Burgstall schaffte, sah den schrecklichen Feuerspeienden Drachen, wie er aus der Erde kroch und furchtbar wütete. Diesen Anblick konnte bis jetzt keiner aushalten, keiner hatte soviel Vertrauen in Gott, unverletzt an diesem Drachen vorbei zu kommen, so liefen alle so schnell sie konnten nach Haus. Alle hörten beim Laufen das Jammern der Jungfrau, die wieder 100 Jahre auf einen neuen Versuch warten muss.

Steinernes Tor

Zwischen dem Berg Hochzell und dem Arber liegt das steinerne Tor. Das steinerne Tor sind zwei große Steinsäulen, zwischen denen man durch gehen kann. Der Sage nach soll derjenige ewig leben, der durch dieses Tor geht.

Wahrscheinlich geht diese Sage auf die Keltenzeit zurück, die den Arber als heiligen Berg ansahen und wahrscheinlich durch dieses Tor zum Arber wallfahrteten.

Taferlbaum

Zwischen Neusohl und Katzenbach ist an einem Baum ein Kreuz angebracht, dieser Baum heißt seit Jahren Taferlbaum. Der Baum steht neben einer Einfahrt in den Wald, die meistens durch eine Schranke versperrt ist. Laut alten Erzählungen soll hier einmal ein Bauer erschlagen worden sein. Der Bauer war in Regen beim Viehmarkt und verkaufte dort einen Stier. Als der Bauer dann mit dem Geld in der Tasche den Heimweg antrat, wurde ihm am Taferlbaum aufgelauert und er wurde hinterrücks erschlagen. Die Täter flüchteten mit dem erbeuteten Geld und ließen den Bauern in seinem Blut liegen. Um an den Bauern zu gedenken und den Ort von durch den Mord hervorgerufenen Weizereien zu befreien, wurde an dem Baum ein Kreuz genagelt.

Weinbergkapelle in Regen

Laut einer alten Sage sollen die Regener an einem Berghang Wein angebaut haben. Da dieser aber nicht sehr gut schmeckte, trank ihn keiner.

Eines Tages kam der Teufel nach Regen und trank in den Wirtshäusern das gute Regener Bier. Es schmeckte ihm so gut, dass er täglich kam und die Menschen befürchteten, dass bald für sie kein Bier mehr da sei.

So beschlossen sie dem Teufel, beim nächsten Besuch, den Regener Wein auf zu tischen. Die Menschen sagten ihm, dass dies der beste Wein weit und breit ist. So nahm der Teufel einen kräftigen Schluck. Als er den Wein geschluckt hatte, bemerkte er, wie furchtbar dieser schmeckte und rannte aus dem Gasthaus schnurstracks zurück in die Hölle. Der Teufel wurde seitdem nicht mehr in Regen gesehen.

Da beschlossen die Regener, keinen Wein mehr anzubauen, da dieser mit seinem abscheulichen Geschmack sogar den Teufel versprengt hatte. Dort, wo früher der Weinberg war, steht heute die so genannte Weinbergkapelle.

Weinbergkapelle bei Regen

Weiße Frau bei Chamerau

Wenn man auf der B85 von Viechtach Richtung Cham fährt, soll kurz vor Chamerau eine Weiße Frau umgehen. Diese Sagengestalt soll plötzlich auf der Rücksitzbank in den Autos erscheinen.

Eine junge Frau fuhr allein im Auto diese Strecke und bekam kurz vor Chamerau ein beklemmendes Gefühl, wie wenn plötzlich jemand hinter ihr auf der Rückbank sitzen würde. Als sie in den Rückspiegel schaute, sah sie eine weiß gekleidete Frau, mit schneeweißen Haaren und ganz blassem gruseligen Gesicht auf dem Rücksitz, die das Aussehen einer Toten hatte. Die Fahrerin erschrak, verriss das Lenkrad und fuhr in den Straßengraben. Nach dem das Auto im Graben gelandet war, war auch die Frau auf dem Rücksitz verschwunden.

Tiere

Die Hobagoaß vernichtet die Kornfelder

Die Bauern fürchteten früher die Sommergewitter und Herbststürme, denn mit ihnen reiste die Hobagoaß. Die Hobagoaß war ein Korngeist, in Form einer großen Ziege, die meist auf zwei Beinen ging. Dieser Korngeist machte sich einen Spaß darauf die Felder der Bauern niederzutrampeln, oft sah man dann in den Feldern die Abdrücke von Ziegenhufe, dann wusste man, dass die Hobagoaß am Werk war. Wenn ein Gewitter oder Sturm aufzog, hörten die Bauern ganz genau hin, ob ein Ziegengemecker darin zu hören war, war dieses zu hören, mussten sie um ihre Ernte bangen. Der Name Hobagoaß leitet sich vom bayerischen Hofern oder Hoban (hochdeutsch Hafer) ab und Goaß ist bayerisch für Geiß (Ziege), praktisch die Ziege, die im Haferfeld springt.

Geier

Als Geier wurden früher im Bayerischen Wald Greifvögel bezeichnet, wie etwa Bussard, Habicht oder Falken. Die großen Greifvögel wurden dann sogar als Hühnergeier (waidlerisch: Henageia) bezeichnet, da diese oft die Hühner auf den Bauerhöfen gerissen haben. Es sind nicht die Gänsegeier aus den Alpen gemeint, die dort als Geier bezeichnet werden.

Hund spürt den Tod des Sohnes

Eine Familie sitzt am Abend beim gemeinsamen Abendessen, nur der Sohn ist noch mit dem Auto unterwegs auf dem Weg nach Haus. Der Hund der Familie sitzt auf der Eckbank neben dem Familienvater. Auf einmal steht der Hund auf, geht zur Treppe, die ins Obergeschoss führt und fängt an ganz jämmerlich zu jaulen. Einige Zeit darauf klingelt die Polizei an der Tür, und als der

Vater mit ihnen redet, wird ihm gesagt, dass sein Sohn einen tödlichen Verkehrsunfall hatte. Die Uhrzeit des Unfalls stimmte mit der Uhrzeit überein, an dem der Hund zu jaulen anfing. Der Sohn hatte sein Zimmer im Obergeschoss des Hauses, wahrscheinlich spürte der Hund den Tod des jungen Mannes und wollte es der Familie zeigen, indem er zu seinem Zimmer hoch jaulte.

Kröte vorm Haus

Eine Frau hatte immer ein sehr gutes Verhältnis zu ihrem Vater, als nun dieser starb, war sie sehr traurig. Als sie ein paar Tage später wieder in die Arbeit fuhr, ging sie vor die Haustüre und sah, dass dort eine Kröte saß, die Frau dachte sich nichts dabei und fuhr in die Arbeit. Als sie abends heim kam, saß die Kröte immer noch vor der Tür. Die Frau ging ins Haus und beachtete diesen Vorfall nicht weiter. Doch dieser Vorfall wiederholte sich den ganzen Sommer lang, morgens als die Frau das Haus verließ, war die Kröte vor dem Haus und abends als die Frau ankam auch wieder. Die Frau hatte bei der Kröte immer ein gutes Gefühl, wie wenn sie ihr sagen würde, ich bin hier und achte auf dich. Erst als es Herbst wurde, war diese Kröte verschwunden. War in der Kröte die Seele des verstorbenen Vaters, der noch einige Zeit auf seine Tochter achten wollte?

Schwein des Teufels

Ein Schwein, das keinen geringelten Schwanz, sondern einen geraden hatte, durfte man früher nicht essen. Dieses Schwein gehörte dem Teufel und war für die Menschen tabu. Wer das Schwein schlachtete, wurde entweder krank und starb oder wurde selbst vom Teufel besessen. Es war auch kein gutes Zeichen, wenn auf einem Hof ein solches Schwein geboren wurde, das brachte meistens ein Unglück über den Hof, glaubte man früher.

Zukunft und Schicksal

Bild von Sohn fällt von der Wand

Eine Frau wollte das Bild des Sohnes, das an der Wand hing, entfernen. Dieser ist vor einigen Jahren bei einem Verkehrsunfall ums Leben gekommen. Als die Frau nun in den Keller ging um eine Beißzange zum rausziehen des Nagels, an dem das Bild festgemacht war, zu holen, hörte sie plötzlich ein lautes Geschepper aus der Küche. Sie rannte nach oben und sah, dass das Bild des Sohnes, das sie entfernen wollte, von der Wand gefallen ist.

Da sagte der Vater des Sohnes, häng es wieder auf, es will nicht, dass wir es umhängen.

Deggendorfer Knödel

Als Deggendorf von den Hussiten belagert wurde, sandten die Belagerer Späher aus, die über die Stadtmauern schauen sollen und den Zustand der Deggendorfer Bevölkerung zu erfahren.

So machte sich ein Hussit auf und stieg auf die Stadtmauer, dies sah eine Deggendorferin, die gerade beim Knödel machen war. Da sie sonst nichts zur Hand hatte, warf sie ihre Knödel nach dem Spion, traf ihn am Kopf, so dass dieser rücklings von der Stadtmauer fiel. Gerade in Fahrt, warf sie dem flüchtenden Hussiten noch ein paar Knödel hinterher und schrie ihm nach, dass er sich bloß nicht mehr blicken lassen sollte.

Der Späher berichtete seinem Feldherrn, dass die Deggendorfer so viele Lebensmittel hätten, dass sie sogar mit Knödeln nach ihm warfen. Eine weitere Belagerung könnte Monate dauern, bevor sie die Deggendorfer ausgehungert hätten. Durch diese Nachricht entmutigt zogen sich die Hussiten zurück und Deggendorf war durch die Knödelwerferin gerettet worden.

Die Mutter Gottes rettet die Ähre

Früher war der Bayerische Wald ein äußerst fruchtbares Gebiet, die Früchte die angebaut wurden, waren übergroß und der Weizen hatte das Korn am ganzen Stängel bis zum Boden.

Die Bauern konnten soviel Brot backen wie sie wollten und litten nie Hunger. Eines Tages wurden die Bauern übermütig und ehrten diese fruchtbare Gegend nicht mehr, das Brot war ihnen nichts mehr wert und sie traten es mit den Füßen. Als Gott dieses sah, war er sehr erzürnt und beschloss, dass auf dem Boden des Bayerischen Waldes kein Weizen mehr wachsen solle. Er nahm den Weizen und streifte von unter nach oben die Körner weg. Der Mutter Gottes erbarmten die Waidler und sie hielt am obersten Ende des Weizens die Hand über das Korn. Sie lächelte Gott an und bat ihn um dieses kleine Stück für die Menschen. Gott konnte ihr diese Bitte nicht abschlagen und ließ am obersten Ende des Weizens das Korn stehen. Diese kleine Stück haben wir der Mutter Gottes zu verdanken und wird Ähre genannt. Da dies aber nur ein kleines Stück vom ganzen Weizen ist, war das Leben der Bauern nun härter geworden.

Der Erdspiegel

Der Erdspiegel ist ein Gegenstand, mit dem man erkennen kann, ob unter der Erde was Wertvolles ist. Der Erdspiegel kann einen wertvollen Rohstoff, wie Erze oder vergrabende Schätze anzeigen. Bekommen kann man so einen Erdspiegel nur vom Teufel selber, man muss ihm dafür seine Seele verschreiben, die er sich sofort nach dem Tod holt und in die Hölle bringt. Wenn früher Menschen zufällig auf einen vergrabenen Schatz gestoßen sind oder eine Erzader gefunden haben, sagte man, dass diese einen Erdspiegel besitzen und mit dem Teufel im Bunde seien. Im Laufe der Jahrhunderte wurden im Bayerischen Wald viele Schätze vergraben, da immer wieder ein Krieg kam und so die wilden Horden des Feindes die Dörfer und Städte plünderten. Wer sein

Leben schützen wollte, versteckte sich im Wald und vergrub seine Habseligkeiten. Manche, die sich im Wald versteckten, wurden gefangen und getötet, so blieb ihr Eigentum vergraben, bis zufällig ein Glücklicher den Schatz fand. Erzählte dann der Glückliche, dass er einen Schatz gefunden hat, so wurde er im schlimmsten Fall beschuldigt, einen Erdspiegel vom Teufel bekommen zu haben und wurde auf dem Scheiterhaufen verbrannt.

Die Rote Marter

Die Rote Marter ist ein schmiedeeisernes Wegkreuz auf dem Nitsche-Weg in der Nähe des Lambergs. Laut einer alten Sage soll dort an dieser Stelle, wo das Kreuz steht, ein Jäger einen Wilderer gestellt haben. Der Wilderer brachte es aber fertig, den Jäger zu überwältigen und ihn an einen Baum zu fesseln. Gleich neben dem Baum, an den der Jäger gefesselt war, war damals ein großer Ameisenhaufen, von den roten aggressiven Ameisen. Die Ameisen sahen in dem Jäger eine Bedrohung für ihr Nest und gingen zum Angriff über. Der Jäger wurde so stark von den roten Ameisen gemartert, dass der Jäger schon glaubte hier sterben zu müssen. Da fing er an zu Gott zu beten, dass ihm geholfen werde, er gelobte, hier ein Kreuz aufstellen zu lassen, wenn nur diese Marter ein Ende hätte. Plötzlich konnte der Jäger sich von den Fesseln befreien und sich mit letzten Kräften nach Hause schleppen. Aus Dankbarkeit errichtete der Jäger dieses Wegkreuz und nannte es: »Die Rote Marter«, nach den roten Ameisen, die ihn so geplagt haben.

Es gibt aber noch zwei weitere Sagen, die sich um die Entstehung dieses Kreuzes drehen:

An dieser Stelle soll ein Holzfuhrwerker einmal umgeworfen und von der Last des Holzes, das er geladen hatte, erdrückt worden sein. Das Holz soll ihm alles Blut aus dem Leib gedrückt haben. Wie es damals der Brauch war, stellte man an Orte mit Unglücksfällen ein Wegkreuz auf. Da soviel Blut an diesem Ort war, nannte man das Kreuz: »Die Rote Marter«.

Die andere Sage erzählt, dass hier jemand grausam geschunden und ermordet wurde. Ganz blutüberströmt wurde die Leiche gefunden. Ebenfalls wurde dann hier, wie bei der vorherigen Sage ein Kreuz aufgestellt und die »Rote Marter« genannt.

Drei Kreuze in einem Baumstumpf

Früher haben die Holzarbeiter oben in den Baumstumpf des abgesägten Baumes drei Kreuze mit der Axt eingeschlagen, diese Baumstümpfe sollen dann den Armen Seelen als Ruhepunkt gelten. Hier durften sie ausruhen von ihrer ruhelosen Suche nach Erlösung. Oft hörte man, dass die Holzarbeiter, die solche Kreuze gemacht haben, unerklärliches Glück bei Unfällen gehabt haben.

Auch soll man an solchen Baumstümpfen oft Moosweiblein oder Schrazeln sehen, die dort rasten.

Ebenfalls wollte man mit diesen Kreuzen in den Baumstümpfen das Böse, wie zum Beispiel Hexen, aus den einsam gelegenen Wäldern vertreiben.

Ein Mann darf die Namen der Hexen nicht preisgeben

Ein Mann ging sehr spät in einer Vollmondnacht von Rinchnach Richtung Regen vom Wirtshaus heim, als er in einem Waldstück einen Feuerschein sah. Weil der Mann neugierig war, was sich dort um diese Zeit abspielte, ging er in den Wald zu dem Feuer. Die letzten paar Meter schlich er sich heran, da er unbemerkt bleiben wollte.

Was er dann an diesem Feuer sah, verschlug ihm den Atem, er sah zwei ihm bekannte Frauen, die mit einem schwarzen Geißbock um das Feuer tanzten und in einer ihm seltsamen Sprache Lieder sangen. Den Mann ergriff die Angst, da er sich sicher war, dass dieses Hexen waren und irgendetwas beschworen. Da wollte der

Mann schauen, dass er von diesem Ort weg kam, er drehte sich um und wollte wieder leise davon schleichen. Doch hinter ihm stand eine dritte Frau, die ihn sogleich ergriff und ihn zum Feuer zog. Die drei Frauen packten den Mann, kratzen und schlugen ihn, bis er am Boden lag. Dort so in die Enge getrieben musste er den Hexen schwören, dass er ihre Namen nie preis geben dürfte, da ihn sonst der Teufel, mit dem die Hexen einen Pakt hatten, holen würde. Dann ließen die Hexen den geschundenen Mann wieder seines Weges ziehen. Er erzählte zwar später, was ihm in dieser Nacht geschehen sei und dass er die Frauen kannte, aber nie wie sie geheißen hatten, dieses Geheimnis nahm der Mann mit in den Tod.

Heiliges Mirakel blendet die Hussiten

1432 waren die Hussiten bis nach Deggendorf vorgedrungen und belagerten die Stadt. Den Deggendorfern blieb in ihrer ärgsten Not nichts übrig, als zum Gegenangriff über zu gehen, mit Dreschschlegeln, Sensen und anderen zu Waffen umgebauten Werkzeugen, wagten sie einen ungleichen Kampf.

Auf der Stadtmauer stand ein Priester und hielt das heilige Mirakel dem Feind entgegen. Da geschah das Unfassbare, die Hussiten wurden von dem heiligen Mirakel so geblendet, dass sie nicht mehr nach vorne schauen konnten und sehen konnten, wie die Deggendorfer auf sie zukamen. So blieb den Hussiten nur noch die Flucht, um nicht überrannt zu werden.

Das heilige Mirakel ist eine Monstranz, in der eine Hostie hergezeigt wird. Diese Hostien sollen im Mittelalter geschändet worden seien, haben es aber unbeschadet überstanden. Eine große Kraft soll von ihnen ausgehen, weshalb viele Gläubige nach Deggendorf Wallfahrteten, um diese Hostien zu sehen.

Gruselige Erscheinung tritt auf die Straße

Zwei junge Männer wollten einen Freund besuchen, der in der Nähe von Moosbach wohnte. Als sie Richtung Moosbach fuhren, führte die Straße an einer Moorwiese vorbei, von dieser Moorwiese sahen sie von weiten schon, dass eine Gestalt von einem Gebüsch heraus auf die Straße ging. Als sie näher heran kamen, sahen sie, dass es sich um eine Frau mit blutverschmierten, seltsam alten Kleidern, blutverschmiertem Gesicht und langen schwarzen Haaren handelte. Die Haare waren zerzaust, so dass von dieser Erscheinung eine gruselige Aura ausging. Die zwei Männer fuhren angsterfüllt an dieser Gestalt vorbei und als sie in den Rückspiegel blickten, war die Frau weg. Nach kurzem Fahren kamen sie bei ihrem gemeinsamen Freund an und erzählten ihm diese seltsame Geschichte, die ihnen widerfahren ist. Ihr Freund erzählte ihnen, dass diese Gestalt von mehreren Personen in der letzten Zeit in der Nähe dieses Moores gesehen wurde, alle beschrieben sie seltsam gruselig und blutverschmiert. Nur von einigen wird diese Gestalt als Mann bezeichnet und von anderen als Frau. Vermutet wird, dass dies ein Geist eines Getöteten oder einer Getöteten ist, der in diesem Moor liegt und keine Ruhe findet.

Im Schuppen weizt es

Eine Frau ging aus dem Haus raus in den Garten, als sie am Schuppen vorbei ging, hörte sie Geräusche vom Inneren des Schuppens. Diese hörten sich an, wie wenn jemand mit einer Axt Späne von einem Holzscheit schlagen würde. Dies konnte aber nicht sein, da außer ihr keiner zu Haus war und der Schuppen immer abgesperrt ist. Die Frau ging extra zur Tür und schaute, ob das Schloss dran hing, das auch dran war. Nun wurde der Frau etwas mulmig zu Mute und sie trat mit dem Fuß gegen die hölzerne Wand des Schuppens, aber die Geräusche hörten nicht auf. Die Frau traute sich nicht nachschauen und da sie sowieso mit dem Auto weg musste, ging sie durch den Garten auf die untere Seite des Hauses und fuhr mit dem Auto weg.

Ritter im Regen

Ein eingebildeter Ritter war mit seinen Knappen auf einem Streifzug in der Nähe von Chamerau. Dort sah der Ritter ein junges Mädchen, das ihm gleich gefiel. Er befahl dem Mädchen mit auf seine Burg zu kommen und seine Gespielin zu werden, dies lehnte das Mädchen aber entschlossen ab. Schnellen Schrittes entfernte sie sich von der Bande, die Männer verfolgten das Mädchen und bedrängten sie. Ihr blieb kein Ausweg mehr, als sich in den Fluss Regen zu stürzen und zu versuchen ans andere Ufer zu gelangen. Der Ritter und seine Männer folgten ihr in den Fluss und wollten sie mit aller Gewalt in ihren Besitz bringen. Das Mädchen hatte große Schwierigkeiten den Fluss zu überqueren, schaffte es aber dann mit ihren letzten Kräften das Ufer zu erreichen. Als sie aus dem Wasser gestiegen war, drehte sie sich zu ihren Verfolgern um, da es auf einmal so still hinter ihr wurde, nur noch das Rauschen des Flusses war zu hören. Sie traute ihren Augen nicht, der Ritter und seine Untergebenen waren verschwunden, an der Stelle, wo die Männer im Fluss waren, lagen jetzt Felsblöcke. Da diese Felsblöcke vorher nicht da waren, war sich die Frau sicher, dass Gott sie gerettet hatte und die Männer als Strafe in Stein verwandelte. Die Seelen der Männer dürfen so lange nicht von dieser Stelle weichen, bis das Wasser die Steine zerschliffen hat. In den Raunächten soll man den Ritter mit seinen Leuten an dieser Stelle am Ufer wehklagend sehen.

Schwarze und weiße Frau

Auf der Hochstraße zwischen St. Englmar und Kollnburg kommt es öfter zu seltsamen, rätselhaften Begebenheiten.

Wenn man an dieser Stelle vorbei fährt, kann es sein, dass man eine Geistererscheinung hat. Schaut man hier in den Rückspiegel des Fahrzeugs, so kann es sein, dass man eine schwarze oder weiße Frau am Straßenrand sieht. Wenn man die schwarze Frau sieht, braucht man nicht beunruhigt sein, dann passiert einem nichts, sieht man aber die weiße Frau, wird man mit Sicherheit einen Unfall haben.

Verwundung des Mannes wird angekündigt

Als die Kriegstage im zweiten Weltkrieg immer grausamer wurden und mehr und mehr Todesmeldungen in die Dörfer des Bayerischen Waldes kamen, machte sich eine junge Frau Sorgen um ihren Mann, der an der Ostfront eingesetzt war. Viele Todesmeldungen kamen von der Ostfront, auch war bekannt, dass wenn dort Deutsche in Gefangenschaft kamen, sie nach Sibirien mussten, um dort in Zwangslagern harte Arbeit zu verrichten und wahrscheinlich nie wiederkehren würden. So betete die Frau jeden Tag zu Gott, dass ihr Mann eine Verletzung bekommen sollte und so von der Front ins Lazarett kam, um dort das Ende des Krieges abwarten zu können. Eines Tages, als sie gerade im Schlafzimmer war, hörte sie auf der Bettseite ihres Mannes, wie jemand ein Gewehr durch lud und den Klick des Abdrückens. Da keiner außer ihr im Zimmer war, konnte sie sich diese Sache nicht erklären und meinte sich getäuscht zu haben. Einige Zeit später bekam die Frau einen Brief, in dem drin stand, dass ihr Mann an der Front verletzt wurde und im Lazarett lag. Nach Kriegsende waren sich beide sicher, dass Gott die Frau erhört hatte und der Mann durch den Lazarettaufenthalt dem Tod an der Front entgangen ist.

Da Woid

Die Nacht is dunkl und koid,
bei uns im Woid.
Tausnd schimmande Stern,
glänzn am Himme drom so fern.

Da Stoakauz ruaft durch d´Nacht,
boid hot er es vollbracht,
Er ruaft: „Kimm mit, kimm mit“
und nimmt de Seelen der Sterbenden mit.

Da Böhmerwind blost eisig koid umanand,
dass di friert in deim wärmsten Gwand.
Da Ostwind waht durch jedn Spoit,
Waidler hoffand, dass´s Schindldach aushoid.

In da Fern, hert ma d´Woifauslosser leit´n,
aa, a Goißlschnoizer tuat´s begleiten.
Si woin de Woif aus de Derfer vertreim,
drausst in de Wälder solln´s bleim.

Nachwort

Viele Leute fragen mich immer, ob sich das Schreiben dieser Bücher lohnt?

Rein finanziell muss ich hier antworten, dass mir das Schreiben und Forschen über den Bayerischen Wald Spaß mach und es so ein bezahltes Hobby für mich ist. Sicher kann man die Stunden, die ich zum Schreiben des Buches, für die Vorbereitung einer Lesung oder eines Vortrages brauchte, nicht auf das verdiente Geld umrechnen.

Was es allemal Wert war, dass ich diese Bücher geschrieben habe, sind die Bekanntschaften, die man durch diese Bücher kennen lernen durfte. Wie zum Beispiel Erika und George aus Ohio in Amerika, die zufällig auf meine Facebookseite »Mystischer Bayerischer Wald« gestoßen sind und dort einen Bericht über die Oberbreitenau gesehen haben. Erika wollte unbedingt den Ort sehen, wo ihre Urgroßeltern damals gewohnt haben. So hatten wir uns vor einem Jahr im September verabredet und wir wanderten zu dem aufgegebenen Bergbauerndorf. Seit dieser Wanderung ist eine große Freundschaft gewachsen, die bis über den großen Teich reicht und mit gegenseitigen Besuchen gepflegt wird.

Auch kommen viele ältere Menschen auf mich zu und loben mich wegen meinen Büchern, wo sie beim Lesen wieder an Bräuche und Geschichten von früher erinnert werden. Ebenfalls kamen Mütter und erzählten mir begeistert, dass ihre Kinder zum ersten Mal ein Buch, mit Leidenschaft zu Ende gelesen haben, weil sie von den alten Sagen so begeistert waren. Sagen, die in unserer Gegend spielten und mit denen sie sich identifizieren konnten.

Auf Vorträgen erklärt man den Zuhörern, die Raunächte oder von alten Bräuchen, man sieht in ihren Augen einen freudigen Glanz, wenn sie sagen: »Ja genau, das hat meine Oma immer erzählt, das hatte ich ganz vergessen«. Man weckt in ihnen wieder das Interesse an der Kultur und Landschaft des Bayerischen Waldes.

Mit den Freunden wurden Raunachtsmasken gebastelt, um die Buchvorstellungen schaurig zu untermalen, wir waren ganz verwundert, als wir dann so gar gebeten wurden, mit unseren Bayerwald Rawuggerln auf anderen Veranstaltungen aufzutreten.

Ich lernte viele Leute kennen, die sich ebenfalls für den Bayerischen Wald einsetzen und gern dort leben. Es bildete sich eine Wandergruppe, mit der ich viele schöne Stunden auf den Bayerwaldbergen verbringen durfte. In dieser Wandergruppe wären viele nicht, hätte ich diese Bücher nicht geschrieben. Letztes Jahr zum Beispiel, durften wir eine der schönsten Wanderungen erleben, Schreil Wolfgang (Woife) führte uns auf seinen Hausberg, die Hochzell und begeisterte uns mit seinen Erzählungen und seinem fundamentalen Wissen über die Bayerwaldnatur.

Was ich damit sagen will, hätte ich diese Bücher nicht geschrieben, weil das Geld, die Stunden nicht wert ist, hätte ich auch diese anderen wunderbaren Sachen nicht erlebt. Wo ich zu dem Fazit komme, genau diese waren es wert, das ich diese Bücher geschrieben habe.

Josef Probst

Quellen

Bräuche:

Loibl Hubert
Helml Norbert
Marchl Reinhard
Probst Josef
Probst Waldtraud
Preißer Franziska
Faller Christian
Tischner Juliane
Probst Alois
Dannerbauer Stefan
Kaplan Martin Guggenberger
Schreil Wolfgang
Helml Anna

Wissenswertes aus dem Bayerischen Wald:

Schreil Wolfgang
Helml Anna
Kollmaier Helmut
Artmann Johanna
Geiger Bernhard
Dannerbauer Erna
Probst Alois
Müller Marion
Probst Josef
Pfeffer Erhard
Faller Christian

Mythen aus dem Bayerischen Wald:

Pfeffer Marita
Helml Anna
Schreil Wolfgang

Lustige Geschichten aus dem Bayerischen Wald:

Dannerbauer Josef
Helml Anna
Pfeffer Erhard
Probst Waldtraud
Raab Notburga
Karl Michael
Probst Josef

Rezepte:

Lang Tamara
Probst Katharina
Kramhöller Bartholomew Erika
Breu Isabella
Müller Marion
Stelzl Angela
Böhmerl Margit
Probst Waldtraud
Zahalka Jana

Gedichte:
Probst Josef

Foto Milchbrätling:
Müller Marion

Raunächte / Sagen und Sagengestalten:
Probst Alois
Asam Barbara
Fischer Elizabeth
Mühlbauer Monika
Schedlbauer Tina
Raimer Günter
Kilger Karlheinz
Watzl Susanne
Helml Anna
Probst Waldtraud
Probst Andreas
Tischner Juliane
Lang Tamara
Böhmerl Margit
Kiefl Martina
Wabroetz Bianca
Luchs Xaver
Görgner Astrid
Franz Christina
Krottenthaler Armin
Schreil Wolfgang
Baron von Schnurbein
Bielmeier Jenny
Helml Norbert
Helml Maria
Lankes Richard
Kreutner Michael
Stelzl Angela
Schinabeck Birgitt

Sprüche:
Frisch Claus
Geiger Bernhard
Probst Alois
Probst Rosalie
Helml Anna
Tischler Juliane
Probst Josef
Probst Waldtraud
Pfeffer Marita
Bauer Manuela

Der Autor

Lebenslauf

Geboren am 20.09.1975

1982 – 1992 Grundschule Regen
Hauptschule Regen
Realschule Regen

1992 – 1996 Ausbildung zum Radio & Fernsehtechniker

1996 – 1997 Bundeswehr Germersheim / Freising

seit 1997 Elektronik Facharbeiter bei der Fa. Zollner in Zandt

2007 Hochzeit mit meiner Frau Katharina

2007 Geburt meines Sohnes Maximilian Josef

2009 Erscheinung des ersten Buches „Zwischen Geißkopf und Arber"

2009 Geburt meines zweiten Sohnes Thomas Benedikt

2010 Erscheinung des zweiten Buches „Zwischen Lusen und Osser"

2011	Erscheinung des dritten Buches „Zwischen Rachel und Kaitersberg“
2013	Erscheinung des vierten Buches „Zwischen Dreisessel und Hohenbogen“